LE POÈME APPRIVOISÉ

Poèmes, règles et exercices
de versification française
traditionnelle

MADO DE L'ISLE

LE POÈME APPRIVOISÉ

Poèmes, règles et exercices
de versification française
traditionnelle

ARION

Données de catalogue avant publication (Canada)

L'Isle, Mado de, 1919-

Le poème apprivoisé : poèmes et exercices de versification française traditionnelle.

Comprend des références bibliographiques et un index.

ISBN 2-9800645-7-2

1. Français (Langue) - Versification. 2. Poétique. 3. Versification. 4. Français (Langue) - Versification - Problèmes et exercices. I. Titre.

PC2509. L57 1992   808.1   C92-096085-5

Éditeurs:

Arion Enr.
10570 Élisabeth II
Québec G2A IY3
(418) 842-4622

Couverture: Calligramme. Voilier de rêve de: Mado de l'Isle
Composition et mise en pages: Lloyd-Eden Keays

Dépôt légal:
Bibliothèque nationale du Canada
Bibliothèque nationale du Québec, 1992

ISBN 2-9800645-7-2

PRÉFACE

Madame Mado de L'Isle,
Lac Beauport.

Chère madame de L'Isle,

J'ai lu avec beaucoup d'intérêt le volumineux ouvrage que vous avez consacré à une analyse des principales (pour ne pas dire toutes) formes de la versification française. Votre exposé est clair, vos exemples bien choisis et surtout, votre enthousiame pour la versification transparaît dans chacune des pages de ce travail. On sent que vous adorez écrire en forne versifiée, que vous connaissez bien ce mode d'expression et savez l'utiliser à des fins multiples. Nul doute que tous ceux qui auront le plaisir de lire ces pages ne pourront pas demeurer indifférents à cette chaleur communicative et deviendront, au moins le temps d'un exercice, des adeptes de l'écriture versifiée.

C'est donc dire que votre travail peut être très utile, tant à l'enseignant qu'à l'apprenti-écrivain, tout particulièrement à celui qui écrit des textes avec l'espoir de les voir mis en musique pour devenir chanson, oratorio ou autre mode d'expression musicale faisant appel au texte.

La versification ne fait cependant plus beaucoup partie des modes d'expression de la poésie contemporaine. Mais la connaissance de cette versification est utile, voire nécessaire pour permettre une compréhension adéquate de la poésie française telle qu'elle s'est manifestée jusqu'aux Symbolistes et même, plus récemment encore chez un Aragon qui a tenté, sans grand succès cependant, de remettre à l'honneur la rime et le vers.

Bien entendu, comme vous le laissez sous-entendre, il existe une différence importante, voire même capitale, entre poésie et versification. La poésie a rapport à l'âme et au sens, elle est renouvellement du langage et de la perception alors que la versification a plutôt, en elle-même, rapport à la forme et aux règles. Mais une bonne connaissance de la versification, ainsi qu'une connaissance approfondie de la poésie française qui s'est incarnée dans ces formes, aidera l'apprenti-écrivain à se tourner vers les mots en même temps que vers l'existence afin de laisser naître en lui une voix sienne qui pourra, éventuellement, devenir celle de l'autre.

Jean-Noël Pontbriand, professeur-titulaire

Université Laval.

INTRODUCTION

La versification à forme fixe présentée dans ce guide, sous forme d'exercices, apportera à l'utilisateur, en plus d'un travail de création et d'initiation au travail littéraire, une saine détente, un moyen efficace de meubler la solitude, l'acquisition de la ténacité et de la patience nécessaires pour en venir à écrire un poème selon les règles de l'art.

La versification française a évolué, dira-t-on, et elle se veut plus moderne. Toutefois, la versification française classique traditionnelle à forme fixe, avec ses règles rigides qui obligent à chercher les rimes riches, à se restreindre à un certain nombre de vers, à suivre un schéma défini quant à la disposition des rimes, a pour avantage d'accroître le vocabulaire, de développer le rythme et d'acquérir ainsi, un style plus coulant, plus arrondi, plus doux, plus précis et plus rigoureux.

Chaque poème est un tout avec un thème à développer. Former de belles rimes, obtenir le nombre de syllabes requis pour telles sortes de vers, trouver des mots dont les temps forts et les temps faibles soient placés aux bons endroits, agencer les voyelles ou consonnes afin d'en faire ressortir la musique et le rythme, suivre les règles fixes de chaque genre de poème est un passe-temps agréable et bénéfique. On s'habitue à composer des vers par délassement, à cause du charme qu'on y trouve et par la satisfaction que procure la création.

On peut dire que tous peuvent s'adonner à la versification, mais hélas, tous n'ont pas le don d'être poète. Pour être vraiment un poète, il faut avoir le don et le versificateur n'est pas nécessairement poète. Toutefois, pratiquer à écrire en vers est une activité qui stimule l'intelligence.

Posséder le don poétique par excellence, c'est avoir le sens de l'harmonie, afin de pouvoir écrire une poésie agréable à l'oreille. Comme la faculté d'écrire en vers se révèle à des degrés différents chez les individus, il est indispensable à ceux qui se sentent poètes et qui désirent exprimer correctement ce qu'ils ressentent, de savoir ce qu'est la poésie et de connaître les règles de la versification.

Il est écrit: « La versification française traditionnelle à forme fixe est peut-être de tous les domaines, celui où les anciennes règles se maintiennent à l'état d'observance le plus longtemps après qu'elles ont perdu toute raison d'être.» d'où l'importance de les connaître.

Il est à noter que dans ce guide:

—   **La disposition** des vers est indiquée par des chiffres et celle des rimes par des lettres.

—   **L'orthographe** des mots a été respectée pour les poèmes anciens; ex: « deuz yeus detteur » — épigramme de trois vers.

—   Ex: peut signifier EXEMPLE ou EXERCICE, selon le cas.

1. LA POÉSIE ET LA VERSIFICATION

La poésie, caractère de ce qui touche, élève et charme, est une aspiration vers l'idéal; c'est aussi l'art de faire des vers, comme la musique est l'art de faire des sons.

La versification est l'ensemble des procédés que le poète emploie pour s'exprimer en vers; c'est le plus beau et le plus efficace moyen d'expression. N'est-il pas vrai que tout ce qui est important a été dit en vers avant de l'être en prose?

La phrase poétique est différente de la phrase ordinaire; elle est moins destinée à expliquer, à faire comprendre, qu'à exprimer et à suggérer par son chant, qui tient son pouvoir du rythme et des sonorités.

2. LE VERS

Le vers classique français se compose d'un assemblage de mots mesurés et cadencés dont le dernier se trouve toujours en rapport, par une consonance appelée rime, avec un autre mot placé à la fin d'un vers correspondant.

Le vers français est syllabique parce que c'est le nombre de syllabes qui est fixe et celui des accents qui est variable.

Pour construire le vers, il faut compter les syllabes; leur nombre et l'arrangement qu'on en fait déterminent la mesure.

LES ÉLÉMENTS DU VERS FRANÇAIS

Le premier élément du vers français est le pied, c'est-à-dire la quantité de syllabes brèves ou longues sur laquelle le vers repose pour déterminer son rythme. Chaque pied qui a deux ou trois syllabes, longues ou brèves, comporte un temps fort et un temps faible.

Le deuxième élément est la coupure intérieure appelée césure. Le vers est presque toujours coupé en deux dans sa forme. Chaque partie se nomme hémistiche. Les temps forts,les accents et les syllabes sont disposés avec symétrie de chaque côté de la césure afin que l'unité du vers soit mieux perçue par l'oreille. La césure suit immédiatement un accent; elle est placée en principe au milieu du vers.

Le troisième élément est la rime qui permet de distinguer les vers les uns des autres, de mettre en relief la fin du vers en y établissant une certaine uniformité. La rime, c'est l'harmonie que sa sonorité ajoute au vers, c'est l'agrément spécial que cet écho attendu procure à l'oreille et à l'esprit, c'est la nécessité absolue du vers syllabique; elle donne à l'accent final du vers le relief qui lui est nécessaire pour se distinguer des autres accents et distinguer le vers des autres vers. Il est dit qu'un vers syllabique si beau qu'il puisse être, n'est parfait que s'il est doublé par un autre.

LA DISPOSITION DES VERS

On appelle disposition des vers, l'ordre dans lequel les vers se succèdent. Cet ordre varie: par les rimes ou par les mesures, les vers peuvent former différents mélanges.

Il y a les vers pairs (parisyllabes) et les vers impairs (imparisyllabes). Le nombre et l'arrangement des syllabes déterminent la mesure du vers. Il y a douze espèces de mesures qui servent à différents genres.

1.   Le vers de douze syllabes (hermètre) dans lequel il y a un repos appelé cadence après l'hémistiche, est aussi appelé vers alexandrin.

Ex: « On a souvent besoin / d'un plus petit que soi. »

Ce vers permet de se plier aux expressions des idées les plus diverses et de passer du grave au doux, du plaisant au sévère. Ce vers est par excellence, le vers de l'épopée, de la tragédie, du poème didactique, du sonnet, de la satire, de l'épître.

2.   Le vers de onze syllabes (hendécasyllabe) qui est assez rare, est coupé par un repos de deux parties inégales: la première de cinq syllabes, la seconde de six; cette mesure ne réussit pas en raison de son allure boiteuse.

Ex: « Un petit garçon / demandait à son père. »

3.   Le vers de dix syllabes (décasyllabe) a son repos après la quatrième syllabe, et présente dans les six dernières syllabes une sorte de moitié d'alexandrin.

Ex: « Maître corbeau / sur un arbre perché. »

(Jean de La Fontaine)

Ce vers s'emploie dans le poème héroïque, le poème badin, le conte, l'élégie, le (ou la) romance, la chanson, l'épigramme et même dans la comédie.

4.   Le vers de neuf syllabes (ennésyllabe) est aussi assez rare; il est au vers de dix syllabes ce que le vers de onze syllabes est à l'alexandrin. Il est généralement coupé en deux parties, l'une de trois syllabes et l'autre de six, et il a un repos exigé entre les deux parties. Rythmé de cette façon, il a une allure berçante; rythmé autrement, c'est un vers assez médiocre.

Ex: « Tournez, tournez / bons chevaux de bois. »

(Paul Verlaine)

Ce vers n'est consacré qu'aux petits sujets lyriques lors desquels il ne peut être tolérable; il a toutefois de l'agrément quand il est chanté.

5.   Le vers de huit syllabes (octosyllabe) ouvre la série de ceux qui n'ont pas de repos obligé. Son harmonie repose dans le choix judicieux des mots et dans la disposition des rimes. Ce vers qui produit des effets heureux, emprunte toute sa valeur à la mobilité de ses accents intérieurs; tantôt il y en a deux, qui divisent le vers en trois éléments, tantôt il n'y en a qu'un, qui partage le vers en deux, et toujours le rythme est facile à saisir.

Ex: « Je suis venu / calme orphelin. »

(Paul Verlaine)

Ce vers est fort ancien; il fut à l'usage des troubadours et des trouvères qui s'en servirent même dans de grands poèmes chevaleresques, car il se prête à tous les tons. Il respire un charme attendrissant dans l'élégie; il convient au conte, à l'épître, à la poésie légère ou familière et à l'ode particulièrement.

6.   Le vers de sept syllabes (eptasyllabe) est fréquent. Il a presque toutes les attributions du vers de huit syllabes. Dans ce vers, l'accent se met de préférence sur la troisième (ex:a) ou la quatrième (ex:b), l'oreille ajoutant spontanément une syllabe muette à l'élément le plus court pour rétablir la symétrie. Ce vers est particulièrement rapide; le contraste de ses deux mesures sans cesse inégales lui donne une allure sautillante et saccadée qui convient parfaitement à certaines poésies légères, surtout à celles dont le ton est ironique ou badin. Ce vers est par excellente le vers de la chanson. La littérature française est riche de poésies charmantes, épîtres, contes, élégies, chansons, composés dans ce mètre agréable.

Ex: a « Où vas-tu? / Je n'en sais rien.»

b « Qui seul était / son soutien. »

7.   Le vers de six syllabes (hexasyllabe) ou de trois pieds est moins employé, paraissant être une moitié d'alexandrin; il a pourtant été utilisé quelquefois, surtout dans des chansons, Il n'a jamais eu de césure mais a, d'ordinaire, une coupe libre.

Pour prévenir de faire paraître ce vers pour une moitié d'alexandrin, il faut commencer par un vers féminin, en évitant de faire suivre la syllabe muette qui le termine d'une voyelle initiale placée au premier mot du vers suivant. Il est d'usage d'entremêler ce vers avec d'autres d'une plus longue mesure.

Ex: « Il faut que l'herbe pousse et que les enfants meurent
                              Je le sais ô mon Dieu. »

(Victor Hugo)

15

8.   Le vers de cinq syllabes (pentasyllabe) c'est-à-dire de deux pieds et demi est assez rare. Ce vers et ceux de moins de cinq syllabes, n'ont généralement pas de coupe; on court tout de suite à la rime.

> Ex: « Que viennent au monde
> Images et sons
> Bercés par les ondes
> De tendres moussons. »

> (Mado de L'Isle)
> Poème: Souhaits.

Ces vers sont plutôt des vers de virtuosité et se rencontrent souvent après un vers plus long pour produire un effet. C'est un vers qui n'est ni sautillant, ni saccadé, parce qu'il est lent. Ce mètre se plie heureusement à l'expression des idées les plus diverses; c'est plutôt un vers de chanson.

9.   Le vers de quatre syllabes (tétrasyllabe), n'a pas de césure. Il est moins usité que celui de cinq syllabes; il se réunit rarement à d'autres de son espèce.

> Ex: « De ces vers nains
> Vifs et badins. »

10.   Le vers de trois syllabes (trisyllabe), ne s'emploie guère qu'entremêlé à d'autres d'une plus longue mesure, comme on le voit quelquefois dans les fables de La Fontaine.

> Ex: « Dans la plaine
> Naît un bruit
> C'est l'haleine
> De la nuit. »
> (Victor Hugo)

16

11.   Le vers de deux syllabes (dissyllabe), ne figure d'ordinaire, comme le vers de trois syllabes, que parmi les plus grands vers. Toutefois Amédée Pommier a écrit un poème de trois cents vers en trente-neuf stances; en voici la dernière de ce poème appelé «Pan»:

> « Grand être
> Qu'on sent
> Ô maître
> Puissant
> Roi juste
> Auguste
> Et bon,
> À l'âme
> Tout clame
> Ton nom. »

12.   Le vers d'une syllabe (monosyllabe), est plus difficile encore que les deux précédents et presque toujours mêlé à d'autres plus longs.

> Ex: « On voit des commis.
>   Mis. »
>   (Panard)

Il peut y avoir des vers de treize, de quatorze, de seize syllabes. Cependant les vers de treize syllabes n'ont pas un rythme net qui peut plaire à l'oreille. Les vers les plus répandus sont les vers de douze, de dix, de huit, de sept et de six syllabes.

3. LES SYLLABES DANS LES VERS ET L'E MUET

Dans le vers classique français, la syllabe accentuée, dont le retour définit le rythme, doit rappeler par sa sonorité une autre syllabe tonique également placée à la fin de la période rythmique voisine ou tout au moins d'une période assez rapprochée. Mais si la rime fait reconnaître la syllabe qui termine le vers, il faut que l'oreille constate instantanément que cette syllabe est bien à la place qu'elle doit nécessairement occuper en vertu de la loi du rythme; or, ne pouvant être constamment attentive à la longueur des vers, l'oreille se lassant vite, il faut donc lui faciliter l'évaluation des longueurs rythmiques un peu considérables en les décomposant. Sept syllabes, c'est l'extrême limite qu'une oreille peut saisir en une seule fois; à partir de huit syllabes, le vers doit être divisé en deux ou plusieurs membres par des césures.

Le rythme du vers français étant fondé à la fois sur un nombre variable d'accents et un nombre fixe de syllabes, le nombre de syllabes, quand il est pair, a plus de symétrie entre les parties.

Dans le vers français, toutes les syllabes comptent, chacune forme un pied, qu'elles soient sonores ou muettes. Font exception à cette règle: la syllabe muette qui termine un vers, et, à l'intérieur du vers, la syllabe muette dont l'e s'élide dans la prononciation devant une voyelle ou un « h » muet. L'e muet ne compte pas non plus à l'intérieur des mots; (ex: soient-désavoue-ront).

Lorsqu'à la fin d'un mot l'e muet suit une syllabe, le mot ne peut entrer dans un vers que s'il est suivi lui-même d'un mot commençant par une voyelle ou un « h » muet. Ainsi on ne peut placer dans un vers cette succession de syllabes: « les quatre parties du monde » — « l'épée d'acier » — « les roues dorées ».

18

Deux voyelles sonores peuvent se succéder à l'intérieur d'un mot; si elles appartiennent à deux mots différents, leur succession est considérée comme fâcheuse; c'est ce qu'on appelle un hiatus. Cependant l'hiatus est admis dans les cas suivants:

- Lorsque le second mot commence par un « h » aspiré; (ex: le poète héros).
- Avec certains mots; (ex: onze-ouate).
- Avec les interjections; (ex: eh!- ah!).
- Dans certaines expressions dont les éléments font corps; (ex: peu à peu).
- Parfois même avec les pronoms tu et qui.
- Enfin quand les syllabes sonores ne sont pas considérées comme des voyelles sonores.(ex: un an entier).

LE NOMBRE DE SYLLABES D'UN MOT

Le vers français doit se scander, c'est-à-dire se mesurer par le nombre des syllabes dont il se compose. Il est donc essentiel de savoir, si deux syllabes placées à la suite l'une de l'autre dans un mot, forment une ou deux syllabes: c'est ce qu'on désigne sous le nom de synérèse (contraction de deux voyelles) ou sous celui de diérèse (division de deux voyelles).

Il n'y a pas de règle générale. Toutefois, on a remarqué que lorsque deux voyelles se trouvent après un « r » ou un « l » précédé d'une autre consonne, elles se prononcent en deux temps ou en deux syllabes; (ex: pria - meurtrier - client).

Dans les autres cas, il faut se reporter aux diverses diphtongues mais ici, il serait trop long de les mentionner toutes. Prenons note cependant que « hier » compte deux syllabes, sauf dans avant-hier.

L'ÉLISION

L'élision est le retranchement ou l'annulation de l'e muet à la fin
d'un mot immédiatement suivi d'un autre mot qui commence par
une voyelle ou par un « h » non aspiré, tant dans la prononciation
que dans le compte des syllabes dans l'intérieur d'un vers.

L'élision a été créée pour corriger la monotonie que produirait
la trop grande fréquence de l'e muet.

> Ex: « Ma fill(e), il faut céder, votre heur(e) est arrivée. »

> (Jean Racine)

L'élision est même généralement notée par une apostrophe dans
l'orthographe usuelle lorsqu'il s'agit des mots auxiliaires et très
usités, tels: articles, pronoms, prépositions, conjonctions.

Ex: «	Article:	l'amour
	Pronom:	j'engage
	Préposition:	jusqu'à
	Conjonction:	lorsqu'il

En dehors de ces cas, où la voyelle élidée est quelquefois un «a»
ou un « i », l'élision ne peut porter que sur un « e » inaccentué
final, mais elle est obligatoire; toutes les fois que cette voyelle
est suivie d'un mot commençant par une voyelle ou un « h »
muet, il y a élision.

> Ex: La vie est belle (quatre syllabes).

Dans un vers, l'élision est indispensable à la fin du premier
hémistiche qui ne peut jamais s'arrêter sur un « e » muet. Mais
elle ne l'est pas à tout autre endroit du vers.

20

Ex: « Sur ma jou(e), en riant, elle essui(e) une larme. »

(Jean Racine)

Il faut se garder d'utiliser: jolie image, joie oisive, etc...

Les mots qui ne peuvent être élidés ne doivent figurer qu'à la fin d'un vers; de même, écrits au pluriel avec un « s », ils ne sont plus élidables et doivent être également placés à la fin du vers.

Il faut également se garder d'assimiler voient et croient aux monosyllabes: « soient » et « aient ».

Les formes en « ient » (prient / marient) ne doivent pas figurer dans le corps d'un vers, parce que l'e muet se prononce trop pour n'être pas compté et que l'e muet, non soutenu par une consonne, ne peut être compté pour une syllabe.

Les mots « voient » et « croient », ayant toujours été employés comme rimes féminines, ne doivent pas avoir d'autre emploi; il ne faut pas les confondre avec les désinences de l'imparfait et du conditionnel qui, masculines, vont bien à tout endroit du vers.

L'e muet à l'intérieur d'un mot est toujours précédé d'une voyelle simple ou composée qui l'absorbe et l'empêche d'être prononcé ayer, éer, ier, ouer, oyer, uer, uyer; il allonge seulement la voyelle ou la diphtongue qui le précède; (ex: gaie-té, paie-ra, dévoue-ment).

Nul dans la prononciation, l'e muet ne compte pas dans la mesure du vers. L'accent circonflexe le remplace dans certains cas.

Il y a deux sortes d'e muet, l'un écrit et l'autre non écrit; (ex: avide-David).

L'e muet fait le charme du vers français. <u>Il s'élide toujours à l'endroit où le vers est coupé par un repos.</u> <u>Il n'est jamais compté à l'endroit où le vers se termine.</u>

Outre l'e muet, on élide aussi l'a dans l'article féminin et l'i dans « si » devant « il ».

l'HIATUS

Hiatus veut dire « ouverture », et cela est si vrai que lorsqu'il n'y a pas de consonne entre deux voyelles et qu'il n'y a pas élision, la bouche reste ouverte de l'une à l'autre, ce qui est particuliè-rement désagréable quand la même voyelle est répétée; (ex: Il va à Alger).

L'hiatus désigne la rencontre de deux voyelles. Toutefois il n'y a aucune raison d'éviter les hiatus constitués par la rencontre de deux voyelles de timbre différent; ils ont une modulation souvent fort agréable.

Les hiatus sont formés par deux mots dont l'un finit et l'autre commence par la même voyelle, et ce sont les seuls hiatus réels; ils peuvent être utilisés à l'occasion, précisément à cause de l'effet de bâillement, d'arrêt, de prolongement, d'hésitation, de heurt qu'ils produisent.

L'hiatus est uniquement un fait de prononciation et, ni la vue, ni l'orthographe n'ont à y intervenir. La musique n'est pas faite pour les yeux, la poésie non plus.

La difficulté est de déterminer quels sont les hiatus agréables à l'oreille et ceux qui ne le sont pas. Rien n'est plus simple pourtant; les seuls qui soient choquants sont ceux dans lesquels la même voyelle est répétée deux fois.

La règle classique est que l'hiatus, permis dans le corps des mots et entre deux vers, même quand le sens est continu, est interdit entre les mots. La langue française a beaucoup de répugnance pour l'hiatus, et la preuve en est donnée par l'emploi qu'elle fait des liaisons pour l'éviter.

D'après l'usage, la conjonction « et » doit toujours être suivie d'une consonne, parce qu'avec « et » la liaison n'est jamais possible.

Cependant, quelles que soient les règles, le poète doit éviter avec soin toutes rencontres de syllabes désagréables à l'oreille. Il y a lieu de distinguer également entre les genres de poésie en cause: ce qui peut être admis à la rigueur au théâtre ne pourra l'être dans une strophe ou un sonnet.

Il y a des exceptions plus ou moins justifiées admises quant à l'hiatus qu'il serait trop long de mentionner ici.

4. LE RYTHME

Le rythme consiste dans la répétition régulière d'un phénomène suivant une loi mathématique; il est rendu sensible par le retour périodique de la syllabe accentuée ou d'un groupe métrique invariable.

Le rythme est produit par le retour à intervalles égaux des quatre temps marqués; si l'un des intervalles est plus court ou plus long que les autres, le rythme est détruit.

Lors de la lecture d'un poème, les exigences du rythme obligent donc à ralentir le débit des mesures qui ont moins de trois syllabes et à accélérer celui des mesures qui en ont plus de trois. Ces changements de vitesse ne sont pas tels que les mesures deviennent mathématiquement égales, car les vers ne se récitent pas au métronome, mais ils sont suffisants pour être sensibles et pour que les temps marqués paraissent à l'oreille tomber à intervalles égaux.

Puisque ces ralentissements ou ces accélérations sont sensibles, il est évident qu'ils sont propres à être utilisés pour produire certains effets; ils peuvent avoir un emploi artistique.

Le vers coupé en quatre tranches égales, exigeant avec sa belle régularité un débit absolument uniforme, n'obtient rien de saillant et reste totalement inexpressif.

Une mesure lente est naturellement propre à exprimer un mouvement lent ou prolongé.

Ex: « Alors elle se couche, et ses grands yeux s'éteignent. »

(Alfred de Musset)

Une mesure rapide convient bien à l'expression d'un mouvement vif ou rapide.

Ex: « Il ouvre un large bec / laisse tomber / sa proie. »

(Jean de La Fontaine)

LE RYTHME DANS L'ALEXANDRIN CLASSIQUE

Dans l'alexandrin classique, une coupe est obligatoire; c'est celle qui sépare le vers en deux moitiés égales, en deux hémistiches; les deux coupes secondaires n'ont pas de place fixe, mais l'alexandrin classique est habituellement divisé en quatre mesures, dont chacune a une durée égale à la durée des autres, sans qu'elle soit nécessairement pour cela composée d'un nombre égal de syllabes.

La coupe qui sépare les deux hémistiches ne peut pas être déplacée; elle tombe obligatoirement après les six premières syllabes et coupe le vers en deux parties égales comme nombre de syllabes et comme durée.

La durée de chaque hémistiche est la moitié de la durée totale. Chaque demi-vers est aussi divisé en deux parties ou mesures, se terminant chacune sous un temps marqué ou accent rythmique. Il est évident que si chacune des quatre mesures a trois syllabes, sa durée est approximativement égale au quart du temps total; mais le nombre des syllabes de chaque mesure peut varier de un à cinq.

Le rythme de l'alexandrin classique est souple et varié et de combien de ressources il dispose. On y remarque en même temps avec quelle liberté il s'écarte du rythme de la prose ou au contraire s'y conforme, selon ses besoins.

Ex: « Ma funeste / amitié // pèse à tous mes amis. »

(Racine)

LE RYTHME DANS L'ALEXANDRIN ROMANTIQUE

L'alexandrin proprement romantique est un vers à trois mesures ou trimètre. Il est plus apte à exprimer la rapidité, ou la vivacité. Les mesures se terminent toutes avec la syllabe accentuée, et quand un mot possède, après la syllabe accentuée, une syllabe inaccentuée, cette dernière appartient à la mesure suivante. Une mesure peut donc finir dans l'intérieur d'un mot: mais on ne doit jamais pour cela, dans la lecture, s'arrêter au milieu du mot.

Dans un trimère, chaque membre syntaxique contient une idée simple, forme un bloc et les trois se réunissent pour constituer une synthèse.

Ex: « Le cheval / galopait toujours / à perdre haleine. »

(Victor Hugo)

C'est un vers que les classiques n'ont pas connu. C'est Victor Hugo qui a créé ce type, mais sans oser aller jusqu'au bout, sans apercevoir lui-même l'aboutissement nécessaire de sa propre création. C'est pour enfermer plus de pensée dans son vers qu'il créa d'abord ce vers à six accents, souvent composé de monosyllabes.

26

Ex:« La boue/aux pieds//la honte/au front//la haine au coeur. »

(Victor Hugo)

Cette coupe de vers admet des formes diverses, ses deux césures n'étant pas soumises aux règles de la césure classique. La syllabe muette qui termine un mot à la césure appartient en principe, à l'élément suivant, chaque élément devant être terminé par un accent; mais la quatrième syllabe du vers peut aussi être muette sans qu'on cesse de la compter dans le premier élément.

Le trimètre n'a pas d'accent rythmique sur la sixième syllabe et ces vers doivent se lire absolument comme si la césure n'existait pas.

Le rythme du trimère est parfaitement sensible à l'oreille et il entre dans la définition du vers moderne: douze syllabes réparties entre un nombre variable d'éléments rythmiques disposés avec symétrie. Toutefois, le trimètre ne saurait prendre la place de l'alexandrin ordinaire; il ne faut l'employer qu'avec discrétion pour rompre la monotonie de l'autre.

LES VERS LIBRES TRADITIONNELS

Il est possible de composer des pièces où les différents mètres abondent. Elles se nomment poésies libres ou vers libres, à cause de la liberté laissée au poète de n'y observer aucun ordre symétrique. C'est une versification à mesures inégales et à rimes croisées, quelquefois redoublées.

Il ne faut pas penser que les vers libres sont aussi faciles à faire qu'ils semblent l'être. Ils ont un rythme très peu connu qui exige un grand art pour les combiner et les assortir de la manière la plus convenable à l'expression de la pensée et la plus favorable

27

à l'harmonie, car l'esprit et l'oreille n'admettent les mesures inégales qu'à cette double condition, sans laquelle ces mesures tantôt longues ou courtes, tantôt pesantes ou sautillantes, ne seraient qu'un assemblage disgracieux et rebutant.

Les vers libres traditionnels ont différentes mesures et des rimes mêlées.

Ex: « L'homme au trésor arrive, et trouve son argent.
Absent. »

(La Fontaine)

Ce petit mot, « absent », formant un vers de deux syllabes après un vers de douze syllabes, frappe l'esprit et lui fait mieux sentir, par le contraste, le désappointement de l'avare dont le trésor est enlevé.

DIFFÉRENTES ESPÈCES DE VERS LIBRES

Quand les rimes d'un poème, au lieu d'être plates d'un bout à l'autre, sont tantôt croisées, embrassées ou répétées, on peut dire qu'il est en vers libres, en se plaçant du point de vue de la rime.

Quand dans l'alexandrin romantique, un poème contient çà et là des vers rythmés autrement qu'en tétramètres, (vers de quatre mètres ou mesures) on peut dire qu'il est en vers libres en se plaçant au point de vue du rythme. Mais on réserve généralement le nom de poèmes en vers libres à ceux qui joignent à l'emploi éventuel de ces deux libertés, celle d'entremêler des vers n'ayant pas le même nombre de syllabes. Ces derniers poèmes sont appelés aussi poèmes à mouvements variés, parce que les différents mètres qu'ils juxtaposent leur donnent les mouvements tantôt accélérés, tantôt ralentis, que n'ont pas, au même degré, les autres poèmes.

Ce mélange d'unités métriques inégales et diverses ne doit pas être affaire de hasard ni de caprice; le poète peut à son gré entremêler les rythmes et les mètres, croiser, redoubler, espacer les rimes; le tout doit être déterminé strictement par les nuances de l'idée qu'il exprime; cette liberté périlleuse, loin de faciliter son oeuvre, y accumule les difficultés; lorsqu'il réussit à les surmonter toutes, c'est-à-dire à monter exactement la forme sur le fond, il atteint par là, toute la perfection dont son art est susceptible.

Aujourd'hui, le vers libre n'a plus la même signification qu'autrefois; c'est un vers affranchi de toutes les règles traditionnelles du vers français, un vers sans rimes ou à peu près, à césure libre, d'un nombre de syllabes à peu près quelconque, un vers, une strophe, dont l'unité est plutôt psychique que syllabique, et variable en nombre et en durée, selon les nécessités musicales. En France, le vers libre est aussi appelé vers blanc.

LA CÉSURE

La césure est l'endroit où le vers est coupé par un repos que le sens autorise; c'est le repos ménagé pour régler le rythme du vers.

Le repos après la première partie s'appelle repos intérieur, et après la seconde partie, repos final. Ce dernier repos n'est pas moins essentiel que l'autre, car sans lui, on ne sentirait pas assez la rime, principal agrément du vers.

L'oreille a besoin de trouver pour points d'appui des syllabes sonores; c'est sans doute, la raison de la règle qui veut que chaque hémistiche ait sa terminaison affectée d'un accent tonique.

L'hémistiche est une moitié du vers alexandrin ou une partie d'un vers quelconque coupé par la césure.

Voici les principales circonstances qui peuvent rendre défectueux le repos de la première partie du vers;
-   quand le repos tombe sur un « e » non élidé ou non élidable;
-   quand le repos sépare un nom de l'article, de l'adjectif déterminatif, de l'adjectif qualificatif;
-   quand le repos est placé entre un pronom personnel et un verbe dont ce pronom est le sujet ou le complément;
-   quand le repos est fixé après un pronom relatif;
-   quand le repos se situe entre un adverbe ou une conjonction, l'un ou l'autre monosyllabique, et le complément de cet adverbe ou de cette conjonction;
-   quand le repos se trouve entre une préposition et son complément;/entre le verbe être et l'attribut;/entre le verbe auxiliaire et le participe;/ entre deux verbes formant un sens indivisible;/entre un verbe et un nom unis dans une expression composée;/entre deux mots qui n'en font qu'un.

Le fait qu'en certaines circonstances, on puisse se passer de la césure, n'implique pas qu'elle soit peu importante. Les agréments qu'elle ajoute à la versification prouvent le contraire; elle donne à la forme métrique un mouvement et une variété qui, sans en altérer le rythme, la préservent de la monotonie que l'ordre symétrique des hémistiches et des rimes y produirait à la longue.

LE REJET ET L'ENJAMBEMENT

À la fin d'un vers, le sens normalement s'achève. Lorsque la proposition grammaticale continue au vers suivant, on dit qu'il y a un rejet ou un enjambement. De cette discordance entre la phrase poétique et la phrase grammaticale, les poètes tirent d'heureux effets.

Le rejet est l'action de renvoyer au début du vers suivant un ou plusieurs mots nécessaires au sens; il y a rejet lorsqu'un membre de phrase qui termine un vers s'achève au vers suivant, sans que les mots séparés par le rythme soient trop intimement liés par le sens.

Le rejet appelle l'attention sur un mot, lui donne plus de valeur expressive.

L'enjambement est le rejet au vers suivant d'un ou de plusieurs mots qui complètent le sens du vers précédent. Il y a enjambement quand les mots sont tellement liés qu'il ne peut y avoir aucune espèce de repos à la fin du vers.

L'enjambement ne doit être employé que rarement, et seulement quand le poète éprouve le besoin de produire un effet puissant; les meilleurs enjambements sont ceux dans lesquels la pause de la fin du vers est facilitée, afin que le rejet se détache le plus possible.

L'enjambement devient une beauté lorsqu'il sert à faire ressortir l'idée qu'il exprime et à la rendre plus saisissante par quelque effet pittoresque.

Ex: « Auras-tu donc toujours des yeux pour ne point voir
Peuple ingrat? »

(Racine)

5. **LA RIME**

La rime est le retour de la dernière syllabe accentuée à la fin de deux vers consécutifs ou proches.

La rime avertit l'oreille qu'un groupe rythmique est complet et qu'une autre va venir; tant que la seconde rime n'a pas été entendue, l'esprit est dans l'attente; dès qu'elle a sonné l'oreille, l'esprit se repose dans le sentiment de satisfaction qui naît de toute combinaison harmonieuse reconnue parfaite.

La rime est indispensable aux vers traditionnels français parce que c'est elle qui en marque la fin.

Les rimes peuvent être soit masculines ou féminines.

La rime masculine qui correspond parfaitement à l'affirmation est celle des mots terminés par une syllabe sonore, ou bien, suivant la définition ordinaire, la masculine est tout simplement celle des mots dont la finale n'a pas d'e muet.

La rime féminine est en rapport avec l'esprit du poète; c'est la rime des mots terminés par une syllabe muette, immédiatement précédée d'une syllabe sonore qui lui sert de point d'appui, ou dont la finale a un « e » muet.

La rime résulte d'une identité de sons et non d'une identité d'orthographe. Les mots qui se prononcent de la même manière, quoique écrits différemment, riment l'un avec l'autre, (puissant-récent / main-chemin).

L'accent tonique est le seul et vrai régulateur de la rime. La consonne d'appui ne suffit pas, à elle seule, à constituer ce qu'on appelle une rime riche, bien qu'elle en soit l'élément essentiel. (aimé-charmé / perdu-rendu sont des rimes très ordinaires).

La rime tant masculine que féminine se divise en rime suffisante et en rime riche.

La rime masculine est dite suffisante quand une consonne sonore s'ajoute à la voyelle ou quand la dernière voyelle ou diphtongue des syllabes correspondantes y forme, avec ce qui la suit, un son pareil, quoique cette voyelle ou diphtongue ne soit pas précédée de la même consonne d'appui. (combats-trépas / sommeil-soleil). Elle ne serait pas suffisante si la dernière voyelle des deux syllabes correspondantes en était aussi la dernière lettre.

Il n'y a pas de rime d'une lettre, sauf quand la voyelle finale fait une syllabe à part (avou-é - No-é - envoy-é / tra-hi - obé-i).

La diphtongue ayant un son plein, rime parfaitement lorsqu'elle termine les mots consonants sans y être précédée de la même articulation ou consonne d'appui (pinceau-tableau / aveu-enjeu / effroi-emploi / appui-ennui / caillou-genou).

La rime féminine est suffisante lorsque la voyelle ou la diphtongue des deux avant-dernières syllabes (pénultièmes) rend, avec ce qui la suit, le même son: (ouvrage-usage).

Il y a un moyen facile de constater la suffisance d'une rime féminine: c'est de retrancher l'e muet. Elle est toujours bonne si ce qui reste fait une bonne rime masculine; dans le cas contraire, elle est fausse. (regarde et tarde sont des rimes justes; babbie et partie sont des rimes qui ne valent rien).

Quand le retour du même son, dans les fins de vers à rimes féminines en particulier, n'est pas accompagné des mêmes consonnes, on parle d'assonance, c'est-à-dire de répétition à la fin de deux verts de la même voyelle accentuée, et non de rime.

La rime est pour l'oreille, non pour les yeux. Des mots comme « ferme » et « terne » ne riment pas; de même que « parlé » et « imité » / « vaincu » et « rendu » riment médiocrement. On tolère bien la rime « dieu » et « bleu » à cause du petit nombre de mots en « eu » mais « dieux » et « bleus » ne riment plus.

Dans la rime suffisante, masculine ou féminine, on n'a pas égard à la consonne ou aux consonnes d'appui, excepté en certains cas ou elles sont exigées, mais il faut toujours que les consonnes qui suivent la voyelle ou la diphtongue soient identiques ou équivalentes: (banni-fini).

La rime masculine devient riche ou pleine lorsqu'elle offre dans les syllabes correspondantes non seulement le même son, mais la même articulation: (accablé-redoublé / débutant-rebutant).

La rime féminine devient riche quand l'avant-dernière et la dernière des deux syllabes dont elle se compose, sont également articulées et consonantes dans l'un et l'autre vers (usage-visage).

Il est aisé de concevoir que ce qui fait la richesse de la rime des deux genres, c'est l'identité de l'articulation, qui doit être au moins d'une syllabe dans la masculine et de deux syllabes dans la féminine.

Si cette articulation se compose de deux consonnes, comme dans « naufrage » et « suffrage », la rime en vaut mieux; mais elle cesse d'être riche lorsqu'il n'y a que la dernière de ces consonnes qui est la même: (étrange-frange ne sont pas des rimes riches).

Il est parfois nécessaire de faire participer l'avant-dernier mot à la rime quand le dernier est un monosyllabe: (amoureux-pour eux).

Les sons que l'on appelle « pleins » sont:

- les sons de l'a ou de l'o.

- les sons des e ouverts.

- les sons des voyelles composées: ai, ei, oi, au, eau, eu, ou.

- les sons des voyelles nasales: an, am, en, em, in, im, ain, ein, aim, on, om, un, um.

- les sons des voyelles longues des diphtongues: ie, oi, ui, ieu, ien, ion, oin.

- les sons des voyelles suivies de plusieurs consonnes semblables ou différentes.

Ainsi, « combats » rime avec « embarras » / « fatale » avec «inégale» / « repos » avec « héros » / « parole » avec « immole ».

Le son de l'a n'est plein et suffisant pour la rime que lorsqu'il est dans l'avant-dernière syllabe du mot, ou qu'étant dans la dernière, il est suivi de quelque consonne (agréable-favorable). Mais s'il est la dernière lettre du mot, comme dans les troisièmes personnes du singulier du passé des verbes de la première conjugaison, il faut qu'il soit précédé de la même consonne ou de la même voyelle. Ainsi « condamna » rime avec « donna » mais non avec « tomba » ou « marcha », ni avec d'autres mots ou l'a n'est pas précédé d'un « n ».

RÈGLES DE VERSIFICATION FRANÇAISE

Une règle absolue de la versification française exige l'alternance régulière des rimes féminines et des rimes masculines; cette règle d'alternance est la plus importante des règles classiques concernant la rime.

Il y a aussi un autre principe en vigueur pour la succession des rimes, c'est l'alternance des féminines et des masculines: une rime masculine ne peut être immédiatement suivie d'une rime masculine différente et deux rimes féminines différentes ne peuvent se succéder immédiatement. Tel est le principe et non la règle; mais le principe est si bien établi que, lorsqu'un poète s'en écarte, c'est avec l'intention de produire un effet plus net soit de douceur, soit de rudesse.

Voici d'autres règles classiques relatives à la rime:

- Bannir les rimes trop faciles ou trop banales.

- Proscrire la rime d'un mot simple avec son composé: (ordre-désordre).

- Éliminer la rime de deux composés contenant le même simple: (bonheur-malheur).

- Exclure les rimes de deux mots qui expriment des idées tout à fait analogues ou exactement opposées: (douleur-malheur).

- Faire un choix de mots judicieux; la composition poétique condamne la négligence et la vulgarité.

- Éviter d'accoupler des mots appartenant à un même type de formation ou une même catégorie grammaticale.

- Écarter les mots qui s'appellent, c'est-à-dire qui vont ensemble naturellement: (gloire-victoire).

- Rechercher la rime riche: (amant-charmant).

- Ne pas faire rimer les premiers hémistiches de deux vers consécutifs.

- Voir à ce que les rimes féminines et masculines n'aient pas les mêmes consonances.

- Ne pas faire rimer une voyelle brève avec une voyelle longue (préface-grâce).

- Bannir la rime des syllabes terminées en « er » lorsqu'une à le son de l'e fermé et l'autre de l'e ouvert: (avancer-cancer).

- S'abstenir de faire rimer une consonne sourde avec une consonne sonore: (as, cartes à jouer / as, auxiliaire de avoir).

- Se garder de faire rimer une syllabe qui a deux « l » mouillés avec une syllabe qui a un « l » sec: (famille-mille).

- Ne pas faire rimer les mots terminés par la lettre « l » qui ne se prononce pas avec ceux terminés par la lettre « l » qui se prononce: (gentil-pistil).

- Ne faire rimer les sons « ant » ou « ent » ensemble que lorsqu'ils sont précédés des mêmes consonnes ou des mêmes voyelles: (diamant-charmant).

- Les mots associés à la rime ne doivent pas être identiques pour l'esprit comme ils le sont pour l'oreille.

Ex: « Les accommodations ne font rien en ce point
Les affronts à l'honneur ne se réparent point. »

(Pierre Corneille)

-    Un mot ne doit pas rimer avec lui-même parce que la rime
est la consonance de deux mots différents:

Ex: « Les chefs et les soldats ne se connaissent plus
L'un ne peut commander, l'autre n'obéit plus. »

Toutefois un mot peut exceptionnellement rimer avec lui-même,
par répétition pour produire un effet:

Ex: « .... Il s'écrit: Où sont-ils?
Et l'écho sépulcral répond seul: Où sont-ils? »

En résumé, la rime exige richesse et rareté et ne doit pas pécher
ni par défaut, ni par excès.

LA RIME ET L'ORTHOGRAPHE

La rime est faite pour l'oreille, et consiste dans l'identité de la
consonance et non dans celle de l'orthographe; il y a des cas
cependant où elle serait défectueuse si les syllabes qui la forment
n'étaient pas terminées par la même lettre. Ainsi, on ne peut
faire rimer autan avec autant, trépan avec répand, rangé avec
oranger, aîné avec nez, sein avec seing, banni avec nid, essor
avec ressort, cou avec coup, cour avec cours ou court, etc.
quoique dans les mots accolés, la lettre finale que les seconds ont
de plus que les premiers soit complètement annulée par la
prononciation. Cependant, à défaut de la lettre identique, la rime
admet l'équivalente qui devient alors nécessaire, excepté pour les
noms propres qu'il est toujours permis d'associer aux noms

communs, comme Friedland à élan, Thabor à bord, Tadmor à mort, etc.

Voici la nomenclature des consonnes équivalentes:

1.- c, g, k, et q: franc-rang, bloc-lok, bouc-joug, etc.

2.- d et t: allemand-amant, perd-sert, etc.

3.- f et ph: jef, Senef, Joseph.

4.- m et n: faim-fin, thym-tain, parfum-commun, etc.

5.- s et x: épais-paix, épris-prix, repos-pipeaux, etc.

6.- s et z: lassés-assez, affidés-décidez, etc...

Exception est faite pour la consonne « r » bien qu'elle ne se prononce pas. Il n'est aucune terminaison où elle se trouve qui puisse être associée avec une autre ou elle ne se trouve point, au pluriel comme au singulier: « dangers » et « changés » ne riment, pas plus que « danger » et « changer ». La consonne d'appui a beaucoup plus d'importance que la consonne finale muette; ainsi « sang » rime mieux avec « puissant » qu'avec « rang » et «flanc»; c'est la consonne d'appui qui fait de l'assonance une rime.

La querelle de ne pas faire rimer des singuliers avec des pluriels ne sera sans doute jamais réglée; d'excellents poètes sont de moins en moins intransigeants sur ce point.

Le mot « monsieur » rime par tolérance avec les autres mots en « eur » dont on fait sentir la lettre « r » mais seulement dans le style familier: (monsieur-rieur).

Il est un cas exceptionnel où un mot peut rimer avec lui-même, par répétition, sans être modifié par aucune différence de sens, c'est quand il vient ajouter, par la similitude de la rime, un effet de plus à la similitude de l'expression. Une telle répétition, sortant des règles prescrites, n'est admissible que lorsqu'elle résulte de la situation ou qu'elle sert à produire une beauté remarquable.

Les homonymes qui expriment des choses d'une nature diffé-rente, donnent des rimes d'autant meilleures qu'elles offrent aux yeux la similitude de l'orthographe, à l'oreille l'identité de la consonance et à l'esprit la diversité de l'idée: (auteur-hauteur). Soumis pour la rime aux mêmes conditions que les autres mots, ils ne peuvent être accouplés qu'en autant qu'ils sont terminés par une lettre identique ou équivalente, et qu'ils sont égaux en quantité prosodique.

On recommande, en général, de ne point rimer en épithètes. Bien entendu, elles peuvent être employées toutes les fois qu'elles sont justes, expressives, harmonieuses. Pourtant il importe de ne pas trop les multiplier, car la profusion des choses, mêmes les plus charmantes, en diminue toujours le prix. Toute épithète est un adjectif mais tout adjectif n'est pas une épithète. Sans l'adjectif, le sens reste incomplet; sans l'épithète, la pensée manque de grâce et de force.

Enfin, il ne faut pas perdre de vue qu'un mot placé à la rime ne doit y reparaître qu'après douze vers au moins.

LA DISPOSITION DES RIMES

On distingue les rimes, selon leur disposition:

a) Quand les rimes se succèdent deux à deux de façon que deux masculines soient suivies de deux féminines ou vice versa, on les appelle rimes plates, suivies ou jumelles.

> Ex: « Ô vieillesse! à quoi donc sert ton expérience?
> Que te sert, spectre vain, de te courber d'avance. »

(A. de Musset.)

Ces rimes s'emploient particulièrement dans l'épopée, la tragédie, la comédie, le poème didactique, l'épître, le discours en vers et la satire.

b) Quand les vers masculins alternent avec les féminins, les rimes sont dites croisées ou alternées.

> Ex: « Pourquoi le prononcer ce nom de la patrie?
> Dans son brillant exil mon coeur en a frémi.
> Il résonne de loin dans mon âme attendrie,
> Comme les pas connus ou la voix d'un ami. »

(Alphonse de Lamartine)

Ces rimes conviennent surtout à la poésie lyrique.

c) Quand deux vers à rimes plates sont entourés par deux vers rimant entre eux, les rimes sont dites embrassées.

> Ex: « Celui-ci qui ne fut ni prêtre, ni guerrier,
> Ne voulut sur sa tombe où verdit la verveine

Ni la palme d'airain, ni l'auréole vaine.
Passant, ne pleure pas et va-t-en sans prier. »

(Pierre Louys)

d) Les rimes sont mêlées ou libres quand la succession en est libre, sauf l'interdiction de mettre à la suite l'une de l'autre deux finales masculines ou féminines différentes.

Ex: « Ô Mont Sinaï, conserve la mémoire
De ce jour à jamais auguste et renommé
Quand sur ton front enflammé
Dans un nuage épais le Seigneur enfermé
Fit luire aux yeux mortels un rayon de sa gloire.»

(Racine)

e) Les rimes redoublées sont celles qui se succèdent soit dans l'ordre croisé, soit dans l'ordre mêlé, en formant une suite prolongée de masculines et de féminines dont chacune correspond à plusieurs autres de son espèce. Ce sont deux rimes continuées sur lesquelles roule un assez grand nombre de vers.

Ex: « Les superbes géants armés contre les dieux
Ne nous donnent plus d'épouvante;
Ils sont ensevelis sous la masse pesante
Des monts qu'ils entassaient pour attaquer les cieux.
Nous avons vu tomber leur chef audacieux
Sous une montagne brûlante;
Jupiter l'a contraint de vomir à nos yeux
Les restes enflammés de sa rage mourante:

42

Jupiter est victorieux,
Et tout cède à l'effort de sa main foudroyante.
Chantons dans ces aimables lieux
Les douceurs d'une paix charmante. »

(Philippe Quinault)

Les rimes redoublés sont fort agréables quand on les emploie avec mesure; prodiguées avec excès, elles deviennent vite monotones et fatigantes.

Lorsque les rimes ne se suivent pas deux à deux, elles ont besoin d'une sonorité plus pleine, d'une netteté plus frappante que lorsqu'elles sont plates; il ne faut pas que la rime énoncée soit assez vague pour qu'on l'ait oubliée quand vient celle qui lui répond.

À titre de curiosité, voici onze espèces de rimes qui ont été plus ou moins utilisées jusqu'ici.
- l'annexée, l'enchaînée, la fraternisée, la batelée: les sons ou rimes sont répétés au début ou au repos du vers suivant.
- la couronnée et l'empérière ou impératrice: rime formée de deux mots dont le second répète comme un écho la fin du premier vers.
- l'équivoque: le mot de la rime divisé en deux et répété dans la rime suivante fait double sens.
- la senée: la dernière lettre de la rime débute le vers suivant.
- la kyrielle: les rimes de la ballade.
- la rétrograde: la rime des vers qu'on peut lire en commençant par la fin du vers.
- la brisée: rimes placées au repos dans les vers qu'on peut diviser en deux pour former des vers plus courts ayant un sens différent.

6. L'HARMONIE

Dans le vers français, on appelle harmonie: la musique du vers. Elle est formée, comme toute musique, par des notes, c'est-à-dire les voyelles, qui sont des sortes de notes se différenciant entre elles par leur timbre.

Dans les vers harmonieux, il y a une sorte de musique spéciale; dans les vers faciles, les mots et les sons s'agencent sans heurts ni saccades. Habituellement ces deux qualités se retrouvent dans les mêmes vers mais ce n'est pas obligatoire.

L'harmonie qui doit toujours être présente dans le langage poétique résulte de la correspondance des voyelles groupées par deux ou par trois.

L'oreille se refuse à saisir les mauvaises correspondances. Si aucun groupement n'est possible, ou si des groupes restent sans correspondance, le vers n'a pas d'harmonie. Ce qui déplaît à l'oreille ne peut être admis en poésie.

LES SONORITÉS

Le son est un effet des vibrations rapides des corps se propageant dans les milieux matériels, et excitant l'organe de l'ouïe: son aigu; son grave.

La sonorité est la qualité de ce qui rend un son agréable.

Le rythme peut évoquer les mouvements, les bruits, les sensations en général, si les sonorités du vers s'accordent à l'impression que l'on veut produire.

44

Ex: « Après la plaine blanche, une autre plaine blanche. »

(Victor Hugo)

L'insistance est autrement saisissante, lorsqu'au lieu des mêmes mots, ce sont des sons identiques ou voisins qui se reprennent ou se répondent.

Ex: « Tout m'afflige et me nuit, et conspire à me nuire. »

(Racine)

Les moyens que la langue a utilisés dans la construction de son vocabulaire, le poète peut s'en servir dans la construction de ses vers. S'il veut peindre un sifflement continu, par exemple, il n'aura qu'à répéter çà et là dans son vers l'élément le plus caractéristique du mot siffler; il en deviendra ainsi la note essentielle répandue d'un bout à l'autre.

Ex: « Pour qui sont ces serpents qui sifflent sur vos têtes? »

(Racine)

L'onomatopée est un mot dont le son imite celui de l'objet qu'il représente: (ex: tic tac).

La qualité des sons contribue à l'expression des sentiments.

- Les sons ouverts et soutenus sont propres à l'admiration.

- Les sons aigus et rapides sont propres à la gaieté.

- Les syllabes muettes sont propres à la crainte.

45

- Les syllabes traînantes et peu sonores sont propres à l'irrésolution.

- Les mots durs à prononcer sont propres à exprimer la colère.

- Les mots dont la prononciation est aisée et coulante sont propres à exprimer la tendresse.

- Les longues phrases ont une expression; les courtes en ont une autre.

L'INVERSION

L'inversion est un des plus puissants moyens du langage poétique; c'est elle surtout qui distingue le vers de la prose; elle sert à le convertir en image, à lui donner de la force, de la précision, de l'élégance, de la grâce et de l'harmonie.

L'inversion est la principale de toutes les licences poétiques. Son but, en changeant la disposition ordinaire des éléments de la phrase, est de les coordonner d'après le degré d'importance que le sentiment ou l'imagination attache à chacun d'eux, afin de faire mieux ressortir la pensée à l'expression de laquelle ils concourent, et de la présenter sous une forme plus touchante ou plus pittoresque.

Grâce à son charme particulier, qui est celui de la poésie, notre langue admet deux sortes de constructions:

- L'une, qui respecte la subordination des mots: la construction directe.

- L'autre qui s'en écarte: l'inversion.

Autrefois, les inversions étaient beaucoup plus nombreuses qu'elles le sont aujourd'hui; elles servaient surtout à renforcer la césure, c'est-à-dire à marquer le rythme avec plus de netteté. Les poètes modernes ont affaibli la césure afin d'économiser les inversions.

7. LES STROPHES

Une strophe est une suite de vers soumise à un rythme déterminé, c'est-à-dire un groupe de vers libres formant un système de rimes complet; dans ce système peuvent entrer une ou plusieurs fois deux vers ou même trois vers de suite rimant ensemble mais deux rimes plates consécutives, c'est-à-dire quatre vers dont les deux premiers sont sur une rime et les deux derniers sur une autre, détruisent le système et par conséquent la strophe.

Les strophes sont appelées aussi stances dans les sujets religieux, philosophiques ou élégiaques, et couplets dans les chansons.

Un vers isolé est au double point de vue de la syntaxe et du rythme une image réduite de la strophe. Il peut contenir un sens complet; mais il peut aussi ne renfermer qu'un des éléments d'une période qui se développe en plusieurs vers; la strophe peut de même n'être qu'une partie d'une longue période qui se déploie en plusieurs strophes.

Une strophe peut enjamber sur une autre et peut n'employer que le même mètre d'un bout à l'autre, ou être constituée par la réunion de mètres divers.

Dans toutes les strophes, il y a deux principes qui règlent le groupement des rimes:

1- L'alternance des rimes masculines et féminines.

2- L'interdiction de la succession de deux rimes plates.

L'important est que la strophe chante.

Le nombre de vers qui forme une stance est de quatre et moins, mais il peut aller jusqu'à douze dans l'ode et s'étendre beaucoup plus loin dans le dityrambe.

La mesure du vers et la disposition des rimes ne sont pas invariablement déterminées; le poète est maître d'employer et de combiner les deux choses comme il l'entend, pourvu toutefois, qu'il se conforme aux lois de l'harmonie, qui lui ordonnent d'approprier la stance au caractère du sujet qu'il traite.

Une strophe ne doit pas être composée de plusieurs parties qui, isolées, constitueraient chacune une strophe plus petite ou un système complet. Ce défaut est à peu près inévitable lorsqu'on groupe ensemble neuf vers ou plus.

LES DIFFÉRENTS TYPES DE STROPHES

Une strophe qui est un groupe de vers, n'est proprement une strophe que lorsqu'elle est jointe à d'autres; quand une strophe est seule, c'est un petit poème appelé quatrain, sizain, huitain, dizain, etc.; et lorsque la strophe est jointe à d'autres strophes, c'est un poème appelé madrigal, épigramme, moralité, etc.

Les stances sont régulières, irrégulières ou mixtes.

1.- Régulières, lorsque dans une pièce de poésie, elles se succèdent toujours les mêmes, tant pour le nombre et pour la mesure des vers, que pour la disposition des rimes:

> Ex: « Quand un grave marin voit que le vent l'emporte
>   Et que les mâts brisés pendent tous sur le pont,
>   Que dans son grand duel la mer est la plus forte
>   Et que par des calculs l'esprit en vain répond;
>   Que le courant l'écrase et le roule en sa course,

Qu'il est sans gouvernail en partant sans ressource,
Il se croise les bras dans un calme profond. »

(Alfred de Vigny)

2.- Irrégulières, lorsqu'elles n'ont point de ressemblance entre elles ni par le nombre ni par la mesure des vers, ni par le mélange des rimes, et ne se distinguent de la versification libre que par le caractère particulier du rythme qu'elles emploient:

Ex: « Je ne sais pourquoi
                 Mon esprit amer
D'une aile inquiète et folle vole sur la mer.
                 Et ce qui m'est cher,
                 D'une aile d'effroi
Mon amour le couve au ras. Pourquoi, pourquoi?

Mouette à l'essor mélancolique
Elle suit la vague, ma pensée
À tous les vents du ciel balancés
Et brisant quand la marée oblique,
Mouette à l'essor mélancolique. »

(Verlaine)

3.- Mixtes, quand elles alternent sous deux formes différentes, dont la première sert de modèle à la troisième et la seconde à la quatrième. Le changement du rythme suit le changement des idées:

Ex: « Le mal dont j'ai souffert s'est enfui comme un rêve.
          Je n'en puis comparer le lointain souvenir
              Qu'à ces brouillards légers que l'aurore soulève,
          Et qu'avec la rosée on voit s'évanouir.

50

— Qu'aviez-vous donc, ô mon poète?
Et quelle est la peine secrète
Qui de moi vous a séparé?
Hélas! je m'en ressens encore.
Quel est donc ce mal que j'ignore
Et dont j'ai si longtemps pleuré?

C'était un mal vulgaire et bien connu des hommes;
Mais... »

(A. de Musset)

LES DIVERS TYPES DE POÈMES EN STROPHES

Le poète choisit à son gré les types de strophes qu'il emploie dans son oeuvre et les répartit comme il l'entend. Très souvent il se sert de la même strophe d'un bout à l'autre de son poème, avec partout la même disposition de rimes et le même groupement de mètres; ce mode rappelle, avec des éléments plus étendus, les poèmes où l'on ne se sert que d'un seul et même mètre. D'autres fois, ce sont deux strophes différentes qui alternent régulièrement à l'image des poètes où un certain mètre alterne continuellement avec un certain autre. Ou bien le poème est en strophes libres, c'est-à-dire qu'il en contient de plusieurs formes diverses; elles peuvent alors, mais le cas est rare, être toutes différentes l'une de l'autre.

Il n'y a pas de poèmes à rimes libres d'une certaine étendue qui ne contiennent des strophes çà et là. Mais le plus fréquemment les pièces en strophes libres présentent des séries de strophes semblables; c'est ainsi qu'un poème en mètres libres n'est composé qu'exceptionnellement de mètres tous différents, et reproduit d'ordinaire le même mètre plusieurs fois de suite ou à des intervalles plus ou moins grands.

Le nombre des combinaisons possibles est illimité pour le choix des mètres dans la strophe et des strophes dans le poème, mais le caprice et le hasard n'ont pas plus de rôle à jouer dans les poèmes et strophes que dans les poèmes en vers libres.

Le choix des mètres dans une strophe est déterminé par les nuances de la pensée qu'ils doivent renfermer, conformément aux mêmes principes que dans les oeuvres en vers libres.

Le choix des strophes dans l'ensemble du poème est régi à son tour par des principes analogues. Le ton du poème doit varier comme les sentiments et les événements qui l'inspirent; chaque strophe reflétant un aspect partiel de la pensée du poète; elle doit, par sa forme en faire sentir et en rendre en quelque sorte, tangibles les moindres nuances.

LE NOMBRE DE VERS DANS LES STROPHES

Une strophe peut avoir un nombre de vers quelconque; mais au-dessous de quatre vers, il n'y a pas de strophe à proprement parler.

Un distique, ou deux vers rimant ensemble, ne fait pas un système. Les strophes de deux vers ne sont que des alexandrins à rimes plates avec arrêt du sens après chaque distique.

Ex: « Ombres entre toutes chères, ô fantôme, ô passant
       Dont je n'ai pu guérir ni mon coeur, ni non sang. »

(H. Vacaresco)

Les strophes peuvent être construites en tant de manières différentes qu'il faudrait beaucoup de place pour en indiquer les nombreuses combinaisons.

On appelle isométriques ou isomètres les strophes formées d'une seule espèce de vers, hétérométriques celles qui en admettent deux ou plus. Mais les combinaisons de plus de deux espèces sont rarement heureuses, car elles imposent à l'oreille un surcroît d'effort fatigant.

Les strophes de trois vers, ou tercets, sont construites sur une seule rime, ou bien le vers du milieu de chaque strophe rime avec le premier et le dernier de la suivante, et l'ensemble se termine par un vers isolé; c'est le rythme terza rima ou rimes tiercées. **a b a, b c b, c d c, d e d,** etc.

      Ex: DÉRIVE

1	Sous un ciel nuageux, un bateau en dérive	a
2	Tel coquille de noix, se laisse ballotter	b
3	C'était tôt le matin qu'il a quitté la rive	a
4	Au départ, quel tableau! On le voyait flotter	b
5	Pavillon dans le vent, caressé par la brise	c
6	Le soleil qui brillait le faisait miroiter	b
7	— « La mer lui appartient. Le sort le favorise »	c
8	Oui, c'est ce qu'on disait quand on le vit partir	d
9	Mais un fort tourbillon le frappa par surprise	c
10	On a maudit les flots qui voulaient l'engloutir	d
11	La tempête cessant, il se bat, il en bave	e
12	Mais elle réussit à se l'assujettir	d
13	Dans l'abîme sans fond, ira pourrir l'épave	e

(Mado de L'Isle)

Un tercet dont les trois vers sont sur une seule rime ne fait pas un système et s'ils sont sur deux rimes, le système est incomplet.

Dans la strophe de quatre vers ou quatrain, les deux rimes peuvent être croisées **a b a b** (Ex:) ou embrassées **a b b a**. Comme la présence de deux rimes plates de suite détruit inmanquablement toute strophe, il n'y a pas de strophes de quatre vers à rimes plates.

Ex:1 « Nous étions, ce soir-là sous un chêne superbe	a
2 (Un chêne qui n'était peut-être qu'un tilleul)	b
3 Et j'avais pour me mettre à vos genoux dans l'herbe,	a
4 Laissé mon rocking-chair se balancer tout seul. »	b

(Edmond Rostand)

Le quatrain peut être fait en alternant des vers plus longs avec des vers plus courts, les rimes étant généralement croisées; ou bien, un vers plus court sera combiné avec trois vers plus longs et placé de préférence à la fin de la strophe, (Ex:) ou bien le vers long sera suivi d'un vers court.

Ex: 1 « Ainsi toujours poussés vers de nouveaux rivages	a
2 Dans la nuit éternelle emportés sans retour	b
3 Ne pourrons-nous jamais sur l'océan des âges	a
4 Jeter l'ancre un seul jour? »	b

(Alphonse de Lamartine)

On combine rarement trois vers courts avec un vers long. D'autres mélanges sont également possibles, et cela avec des vers de toute longueur. Le quatrain admet le plus grand nombre de combinaisons, parce qu'avec sa brièveté, tous les rythmes sont aisément saisissables à l'oreille; mais les meilleures combinaisons sont celles de l'alexandrin, avec le vers de huit syllabes ou avec celui de six syllabes, car il est bon que les éléments de la strophe soient entre eux dans un rapport simple. C'est pour ce motif que le vers de sept syllabes va généralement seul.

La strophe de cinq vers admet toutes les combinaisons possibles de ses deux rimes; mais elles ne sont pas toutes également bonnes. Les meilleures sont celles dans lesquelles la rime du cinquième vers est attendue parce qu'elle n'est encore apparue qu'une fois; quand la rime du cinquième vers est déjà venue deux fois, on ne l'attend plus, car les quatre premiers vers constituent déjà un système de rimes auquel il ne manque rien.

Cette strophe a nécessairement trois rimes pareilles. Ces trois rimes ne peuvent se suivre que lorsqu'elles sont embrassées par les deux autres, combinaison assez rare: **a b b b a**. Le plus souvent, elles sont croisées avec les autres de manière que deux seulement puissent se suivre, et l'ensemble forme ordinairement un distique ou un tercet, suivant la formule **a b a a b**; on a aussi **a a b a b** et plus rarement **a b b a b**. Cette strophe est généralement isomètre, mais un vers plus court fait bon effet à la suite de quatre alexandrins.

Ex:	1	« Mon beau navire ô ma mémoire	a
	2	Avons-nous assez navigué	b
	3	Dans une onde mauvaise à boire	b
	4	Avons-nous assez divagué	a
	5	De la belle aube au triste soir. »	b

(Guillaume Apollinaire)

La strophe de six vers est presque toujours divisée en deux

tercets, liés ensemble par la rime de leur dernier vers **a a b c c b**. Elle peut être isomètre, toutefois, quand on emploie l'alexandrin, on termine volontiers chaque tercet par un vers plus court.

Ex:	1	« Du temps que J'étais écolier	a
	2	Je restais un soir à veiller	a
	3	Dans notre salle solitaire	b
	4	Devant ma table vint s'asseoir	c
	5	Un pauvre enfant vêtu de noir,	c
	6	Qui me ressemblait comme un frère. »	b

(A. de Musset)

Souvent aussi, un seul tercet est terminé par un vers plus court.

Ex:	1	« Arbres qui ne montez aux dieux qu'à leur appel,	a
	2	Dites-nous si bientôt croulera la Babel.	a
	3	Qu'élèvent nos déments par le verbe et les livres	b
	4	S'ils sont proches les flots et proches les remous	c
	5	Ou s'en iront sombres tous les matelots fous	c
	6	De tant de bateaux ivres. »	b

(P. Bonetti)

Ou bien encore, les deux vers plus courts sont réunis à la fin de la strophe sans que l'ordre des rimes soit changé.

Ex:

1« Là se perdent ces noms de maîtres de la terre	a
2 D'arbitres de la paix, de foudres de la guerre	a
3 Comme ils n'ont plus de sceptre, ils n'ont plus de flotteurs,	b

4	Et tombent avec eux d'une chute commune	c
5	Tous ceux que la fortune	c
6	Faisaient leurs serviteurs. »	b

(François Malherbe)

Il est plus rare de voir un ou deux vers plus longs mélangés à des vers courts.

Ex:	1 «	Sarah, belle d'indolence,	a
	2	Se balance	a
	3	Dans un hamac, au dessus	b
	4	Du bassin d'une fontaine,	c
	5	Toute pleine,	c
	6	D'eau puisée à L'Illissus. »	b

(Victor Hugo)

Un défaut de la strophe de six vers est que le sixième vers, (quand ce n'est pas le cinquième ou le sixième) apporte une rime que l'on a déjà entendue deux fois. On peut éviter cet inconvénient en mettant quatre vers sur la même rime; mais le plus souvent on construit cette strophe sur trois rimes, ce qui est en général bien préférable à tous les égards, et en particulier parce qu'il est alors très facile de bien la lier. Pourtant on évite soigneusement, afin de ne pas égarer l'oreille, de commencer cette strophe par trois vers ayant chacun une rime différente

La strophe de sept vers, plus rare, est composée sur trois rimes, tantôt d'un quatrain suivi d'un tercet, **a b b a c a c** (Ex:) tantôt d'un tercet suivi d'un quatrain **a b a b c c b**; mais la meilleure forme est **a a b c c c b** dérivée du sizain.

Voici la strophe de sept vers que d'aucuns disent la mieux rimée que l'on connaisse: la richesse de la rime ajoute à la richesse de la pensée.

Ex:	1 «	Mais de ces longues diffamantes	a
	2	Dieu saura venger l'innocent.	b
	3	Je le verrai, ce Dieu puissant,	b
	4	Foudroyer leurs têtes fumantes.	a
	5	Il vaincra ces lions ardents,	c
	6	Et dans leurs gueules écumantes	a
	7	Il plongera ses mains et brisera leurs dents. »	c

(Jean-Baptiste Rousseau)

La strophe de huit vers ne peut être composée de deux quatrains juxtaposés que si elle se termine par un refrain. Hors ce cas, deux quatrains liés par le sens ne font pas véritablement une strophe; il faut encore qu'ils soient liés par la rime, ce qui ne peut guère se produire qu'avec les combinaisons suivantes **a b a b c c c b**. (Ex:a) Il existe cependant une autre combinaison bien jolie: **a a a b c c c b** (Ex:b).

Ex:A	1 «	Sans monter au char de victoire,	a
	2	Meurt le poète créateur;	b
	3	Son siècle est trop près de sa gloire	a
	4	Pour en mesurer la hauteur.	b
	5	C'est Bélisaire au Capitole:	c
	6	La foule court à quelque idole	c
	7	Et jette en passant une obole	c
	8	Au mendiant triomphateur. »	b

(Victor Hugo)

58

Ex:B	1	«	Comme un vain rêve du matin	a
	2		Un parfum vague, un bruit lointain	a
	3		C'est je ne sais quoi d'incertain	a
	4		Que cet empire:	b
	5		Lieux qu'à peine vient éclairer	c
	6		Un jour qui, sans rien colorer;	c
	7		À chaque instant près d'expirer	c
	8		Jamais n'expire. »	b

(Casimir Delavigne)

Il ne faut pas confondre les strophes de huit et de dix vers avec les huitains et les dizains de l'ancienne poésie, qui ont servi particulièrement à former les couplets des ballades.

La strophe de huit vers sur deux rimes ne peut convenir qu'à des poèmes assez courts car ses deux rimes répétées chacune trois fois la rendent vite fatigante.

La strophe de neuf vers est assez rare; en général, on ajoute au sizain, un troisième tercet lié aux précédents par la rime du troisième vers **a a b c c b d d b — a a b c c b d d b**.

Il y a d'autres formules; les principales sont: **a b a b c d c c d** et **a b a b c c d c d** (ex) qui font du neuvain une sorte de dizain diminué.

Ex:

	1	«	Voici, voici le jour propice	a
	2		Où le Dieu pour qui j'ai souffert	b
	3		Va me tirer du précipice	a
	4		Que le démon m'avait ouvert.	b
	5		De l'imposture et de l'envie	c
	6		Contre ma vertue poursuivie	c

7	Ses traits ne seront plus lancés;	d
8	Et les soins mortels de ma vie	c
9	De l'immortalité seront récompensés. »	d

(J. B. Rousseau)

La strophe de dix vers, généralement en octosyllabes, a toujours partagé avec les stances de quatre et six vers, la faveur des poètes lyriques. La seule forme qui a survécu aux différentes mutations est: **a b a b c c d e e d.** Les tercets sont liés par la rime; le quatrain est comme un piédestal qui les porte.

Ex:

1	« Que soit l'orgueilleuse rose	a
2	Soumise aux destins divers,	b
3	Ah! qu'importe, Amour oppose	a
4	Sa flamme au froid des hivers!	b
5	Ne redoute ni la cendre	c
6	Ni de voir l'ombre descendre,	c
7	Amie, en nos coeurs brûlants,	d
8	Nos coeurs qui, libres de haine,	e
9	La menace ont faite vaine	e
10	De l'âge et des cheveux blancs. »	d

(Vincent Nuselli)

On a essayé de faire des strophes de onze vers, soit en ajoutant un vers au quatrain de celle de dix, en triplant la rime double d'un des tercets; mais la seule création vraiment belle qui ait été faite en ce genre est la strophe de douze vers, constituée en triplant les deux rimes doubles des tercets, transformés ainsi en quatrains toujours symétriques. La strophe a acquis ainsi une envergure étonnante: **a b a b c c c d e e e d** (Ex).

Ex:

1	« Oh! demain, c'est la grande chose,	a
2	De quoi demain sera-t-il fait?	b
3	L'homme aujourd'hui sème la cause,	a
4	Demain Dieu fait mûrir l'effet,	b
5	Demain c'est l'éclair dans la voile,	c
6	C'est le nuage sur l'étoile,	c
7	C'est un traître qui se dévoile,	c
8	C'est le bélier qui bat les tours,	d
9	C'est l'astre qui change de zone,	e
10	C'est Paris qui suit Babylone:	e
11	Demain c'est le sapin du trône,	e
12	Aujourd'hui, c'en est le velours! »	d

(Victor Hugo)

Cette strophe n'a donc, elle aussi, que cinq rimes. Il ne semble pas qu'on puisse dépasser dans une strophe viable, même en vers courts, le chiffre de cinq rimes et celui de douze vers.

8. <u>**LES POÈMES À FORME FIXE**</u>

La versification française possède un certain nombre de poèmes à forme fixe, quelques une remontent aux premiers temps de la littérature et d'autres sont récents.

Une pensée fine ou délicate peut s'exprimer d'une façon complète par un distique, un quatrain, ou un sizain; mais ce ne sont pas à proprement parler, des poèmes à forme fixe.

Seuls le triolet, la villanelle, le rondeau, le rondel, la ballade, le chant royal et le sonnet sont véritablement des poèmes à forme fixe. L'intérêt en est constitué par un ou plusieurs vers revenant en refrain ingénieux. Mais celui qui ne semble pas encore près de tomber en désuétude, c'est le sonnet.

Toutefois, certains autres poèmes ont aussi une forme fixe comme l'iambe, le lai, le virelai, la glose, l'acrostiche, la sextine, la terza-rima, le pantoum.

La plupart des poèmes à forme fixe, ne sont pas absolument fixes ou n'ont pas atteint leur fixité du premier coup.

9. LES POÈMES À STROPHES DE DIFFÉRENTES LONGUEURS

Une strophe est une unité ayant un sens complet; un poème peut donc être constitué par plusieurs strophes ou par une strophe unique; toutefois le distique et le tercet ne constituent pas des strophes.

Les strophes les plus employées sont des groupes de vers appelés quatrain, quintain, sizain, huitain, dizain. Il ne faut cependant pas les confondre avec le quatrain, le quintain, le sixain, le huitain et le dizain de l'ancienne poésie dont les modèles apparaissent dans ce présent chapitre.

Il faut prendre note que si l'auteur a jugé utile de donner des exemples, d'écrire des vers de façon ancienne et de préparer des exercices, c'est dans le but de favoriser l'apprentissage de la versification. Pour écrire des vers plus modernes, on devra se servir des techniques données dans le chapitre précédent.

LE DISTIQUE

Le distique est un groupe de 2 vers rimant ensemble pouvant entrer dans diverses combinaisons: **a a.**

Ex: A MONSIEUR LE DUC DE VENTADOUR
             DEUXAIN

1 « Dieu vous préserve de la tombe,   a
2   Et du duc d'Usez quand il tombe. »   a

       (Paul Scarron)

LE DISTIQUE

Ex: DÉSIR

1   Parer la solitude   a
2   De douce quiétude   a

            (Mado de L'Isle)

Ex: ....

1   ....   a

2   ....   a

LE TERCET

Le tercet est un couplet ou stance de 3 vers dont les 3 vers
riment ensemble (Ex:A) ou dont 2 vers riment ensemble et le
troisième rime avec un vers du tercet précédent (Ex:B).

Ex:A

SOMBRES VISIONS

1 Je vois le firmament recouvert de nuages   a
2 Les arbres tout frileux qui perdent leur grillage a
3 Je vois des yeux songeurs à travers le feuillage   a

            (Mado de L'Isle)

LE TERCET

Ex:B   A LA REINE
                              REQUESTE

1 « SCARRON, par la grace de Dieu   a
2   Malade indigne de la Reine,   b
3   Homme n'ayant ny feu ny lieu. »   a

(Paul Scarron)

Ex:A   ....

1 ....   a

2 ....   a

3 ....   a

Ex:B   ....

1   a

2 ....   b

3 ....   a

LE QUATRAIN

Le quatrain se construit généralement sur deux rimes croisées: **a b a b,** (Ex:A), ou embrassées, **a b b a,** (Ex:B) l'une masculine, l'autre féminine.

Le quatrain monorime n'est qu'un jeu malencontreux et le quatrain sur deux rimes plates n'est pas une strophe; c'est un poème terminé après quatre vers.

En ce qui concerne la mesure, le quatrain laisse place à toutes sortes de combinaisons.

Ex:A   PREMIER SOLEIL

1	« Italie, Italie, ô terre où toutes choses	a
2	Frisonnent de soleil, hormis tes méchants vins!	b
3	Paradis où l'on trouve avec des lauriers-roses	a
4	Des sorbets à la neige et des ballets divins! »	b

(Théodore Banville)

Ex:B   SOLEIL COUCHANT
                        EN BRETAGNE

1	« Les ajoncs éclatants, parure du granit,	a
2	Dorent l'âpre sommet que le couchant allume;	b
3	Au loin, brillante encor par sa barre d'écume,	b
4	La mer sans fin commence où la terre finit. »	a

(José Maria de Hérédia)

LE QUATRAIN

Ex:A   SOUVENIR

1 À travers les sentiers, respirant la fougère   a
2 Je marche sans penser à l'hiver qui s'en vient   b
3 Je me gave d'air frais et de brise légère   a
4 Je suis l'enfant d'hier;le bonheur est mon bien!   b

(Mado de L'Isle)

Ex:B   SOUVENIR

1 Je marche sans penser à l'hiver qui s'en vient   a
2 À travers les sentiers, respirant la fougère   b
3 Je me gave d'air frais et de brise légère   b
4 Je suis l'enfant d'hier,le bonheur est mon bien!   a

(Mado de L'Isle)

LE QUATRAIN

Ex:A ....

1 .... a

2 .... b

3 .... a

4 .... b

Ex:B ....

1 .... a

2 .... b

3 .... b

4 .... a

LE QUINTAIN

Le quintain ou quintil admet les mêmes disposition de rimes que la strophe de cinq vers c'est-à-dire: **a b b b a** (Ex:A), **a b a a b** (Ex:B), **a a b a b** (Ex:C), **a b b a b**; cette dernière combinaison est toutefois moins bonne.

Ex:B   L'ANDALOUSE

1	« Avez-vous vu, dans Barcelone,	a
2	Une Andalouse au sein bruni?	b
3	Pâle comme un beau soir d'automne!	a
4	C'est ma maîtresse, ma lionne!	a
5	La marquesa D'Amaëgui! »	b

(Alfred de Musset)

Ex:B   DISCOURS D'ÉLECTION

1	Au micro, l'orateur, fortement s'ingénie	a
2	À convaincre les gens qu'il faut le soutenir.	b
3	Populaires, savants, avec cérémonie;	a
4	Fraternisent des mots qui cherchent l'harmonie;	a
5	Miroite pour chacun le plus bel avenir.	b

(Mado de L'Isle)

LE QUINTAIN   ....

Ex:A   1   ....   a

           2   ....   b

           3   ....   b

           4   ....   b

           5   ....   a

Ex:B   ....

           1   ....   a

           2   ....   b

           3   ....   a

           4   ....   a

           5   ....   b

Ex:C   ....

           1   ....   a

           2   ....   a

           3   ....   b

           4   ....   a

           5   ....   b

LE SIXAIN OU LE SIZAIN

Le sixain ou le sizain est un petit poème composé de six vers en deux tercets; il ne se construit que sur trois rimes: 2 vers à rimes plates suivis de 4 vers à rimes embrassées ou croisées, c'est-à-dire: **a a b c c b** (Ex:A), **a a b c b c** (Ex:B).

Ex:A   MÉDITATION
                 POÉTIQUE ET LITTÉRAIRE

1	«	On écrivait encore, en ces temps romantiques	a
2		Où les chants de Ducis étaient des émétiques,	a
3		Où, sans pourpoint cinabre, on se voyait banni,	b
4		Où Prudhomme, ravi de tomber avec grâce,	c
5		Etait jeté vivant dans une contre-basse	c
6		Pour avoir contesté les vers de *Hermani*.	b

(Théodore Banville)

Ex:B   UN BRIN DE PHILOSOPHIE

1	Les siècles ont passé sans percer le mystère	a
2	Des pourquoi, des comment, sans être égalitaire,	a
3	On naît, on vit, on meurt, sur la ronde des ans	b
4	Emmêlé dans le fil de ce monde ténu	c
5	Alors que nous sourit chaque moment présent	b
6	On se sent souvent seul, ignoré, méconnu.	c

(Mado de L'Isle)

LE SIXAIN OU LE SIZAIN

Ex:A   ....

    1   ....   a

    2   ....   a

    3   ....   b

    4   c

    5   c

    6   ....   b

Ex:B   ....

    1   ....   a

    2   ....   a

    3   ....   b

    4   c

    5   ....   b

    6   c

LE HUITAIN

Le huitain ne dispose pas de toute la variété de formes qu'on trouve dans la strophe de 8 vers; il se construit sur trois rimes, dont l'une est répétée 4 fois. Il est composé de 2 strophes de 4 vers, à rimes croisées: **a b a b, b c b c** (Ex:A) ou embrassées: **a b b a,** a c c a (Ex:B), unies seulement par le fait que le quatrième et le cinquième vers ont obligatoirement la même rime.

Ex:A

ON DRESSERA LA GRANDE PLACE (AUX VEAUX)
HUICTAIN

1	« Le Roy, aymant la décoration	a
2	De son Paris, entre aultres biens, ordonne	b
3	Qu'on y batisse avec proportion;	a
4	Et, pour ce faire, argent & conseil donne.	b
5	Maison de ville y construict belle & bonne,	b
6	Les lieux publics devise tous nouveaulx,	c
7	Entre lesquelz au meilieu de Sorbonne	b
8	Doibt, ce dict on, faire la place aux veaux.»	c

(composé avant 1534)

Ex:B   INQUIÉTUDE

1	Avec ses rêves fous et ses baisers troublants	a
2	Sur les ailes du vent une jeunesse vole.	b
3	Sous le soleil doré, elle va, cabriole	b
4	En possédant l'éclat d'un joli cerf-volant.	a

LE HUITAIN

5	Là-haut, le ciel est bleu; mais les rayons brûlants	a
6	Vont-ils endommager cette beauté fragile?	c
7	Il y en a tant qui furent malhabiles!...	c
8	On ne peut qu'espérer un retour excellent.	a

(Mado de L'Isle)

Ex:A	....	
1	....	a
2	....	b
3	....	a
4	....	b
5	....	b
6	....	c
7	....	b
8	....	c

LE HUITAIN (suite)

Ex:B   ....

1   ....   a

2   ....   b

3   ....   b

4   ....   a

5   ....   a

6   c

7   c

8   ....   a

LE DIZAIN

Le dizain est une stance composée de 10 vers d'une seule mesure (généralement de 8 syllabes) qui, dans sa coupe la plus fréquente, est divisée en un quatrain et deux tercets: c'est une des plus belles formes de la poésie lyrique française.

Ailleurs il est dit que le dizain traditionnel se compose de 2 strophes de 5 vers qu'on a grand soin de lier, en évitant d'arrêter le sens entre les deux. Il n'a que 4 rimes différentes: le premier vers rime avec le troisième, le second rime avec le quatrième et le cinquième; les rimes de la seconde partie sont placées dans l'ordre inverse: **a b a b b, c c d c d.**

LE DIZAIN

Ex: PARTEMENT D'ANNE

1	« Où allez-vous, Anne, que je le sache,	a
2	Et m'enseignez, avant que de partir	b
3	Comme ferai, afin que mon coeur cache	a
4	Le dur regret du coeur triste et martyr.	b
5	Je sais comment; point ne faut m'avertir:	b
6	Vous le prendrez, ce coeur, je le vous livre;	c
7	L'emporterez pour le rendre délivre	c
8	Du deuil qu'aurait loin de vous en ce lieu;	d
9	Et pour autant qu'on ne peut sans coeur vivre,	c
10	Me laisserez le vôtre, et puis adieu. »	

(Clément Marot)

Ex: RECUL

1	Ils étaient trois pour les vacances	a
2	À la maison des grands-parents;	b
3	Ils étaient deux pleins d'indulgence	a
4	Compréhensifs et tolérants.	b
5	Ils étaient trois délibérant	b
6	Plaidant leurs droits pour la justice;	c
7	Ils étaient deux — regards complices.	c
8	Ils étaient trois au gré du temps:	d
9	De fascinants jeunes novices;	c
10	Ils étaient deux comme au printemps.	d

(Mado de L'Isle)

LE DIZAIN

Ex: ....

1 .... a

2 .... b

3 .... a

4 .... b

5 .... b

6 c

7 c

8 .... d

9 c

10 .... d

10. VÉRITABLES POÈMES À FORME FIXE

LE TRIOLET

Le triolet, une variété de rondel, est une pièce de 8 vers écrits sur 2 rimes. Les vers sont disposés de telle sorte, que le premier vers se répète après le troisième et que, les deux derniers vers soient la répétition des deux premiers vers; sur 8 vers, il y en a donc trois qui n'en sont qu'un seul, d'où le nom de triolet.

Le schéma des rimes est: **a b a a, a b a b** et le schéma des vers est: 1 - 2 - 3 - 1, 4 - 5 - 1 - 2. La rime dominée n'apparaît qu'aux deuxième, sixième et huitième vers. Quand il n'y a que 7 vers, c'est que le deuxième vers n'est pas répété à la fin.

Une pièce peut être constituée par un seul triolet ou par une suite de triolets. On dit que le triolet convient surtout à la satire.

Ex: LA FONTAINE DE CARAOUET

1	« La fontaine de Caraouet	a
2	Est la plus charmante de toutes	b
3	Elle chante comme un rouet,	a
1	La fontaine de Caraouet!	a
4	Elle est si fraiche qu'Arouet	a
5	Perdrait, en y buvant, ses doutes	b
1	La fontaine de Caraouet	a
2	Est la plus charmante de toutes. »	b

LE TRIOLET

Ex: VIVONS D'AMOUR

1	Oublions tout. Vivons d'amour	a
2	Puisque le temps passe si vite	b
3	À son appel, ne restons sourds	a
1	Oublions tout. Vivons d'amour.	a
4	Argent, lauriers, sexe, discours	a
5	Rongent nos coeurs - l'humain nous quitte...	b
1	Oublions tout. Vivons d'amour.	a
2	Puisque le temps passe si vite.	b

(Mado de L'Isle)
Sous le Ciel des Saisons.

Ex: ....

1 ....   a

2 ....   b

3 ....   a

1 ....   a

4 ....   a

5 ....   b

1 ....   a

2 ....   b

LA VILLANELLE

On dénomme villanelle une pièce en vers de 7 syllabes composée d'un nombre impair de tercets, suivis d'un quatrain final. Cette pièce est écrite sur 2 rimes, l'une masculine qui s'impose au second vers de chaque tercet, l'autre féminine, qui commence le poème et régit tous les autres vers. Le premier et le troisième vers du premier tercet réapparaissent alternativement comme un refrain.

Le schéma des rimes est: **a b a, a b a, a b a, a b a**, etc. et **a b a a** pour le quatrain final. Le schéma des vers des tercets est: 1 -2 - 3, 4 - 5 - 1, 6 - 7 - 3, 8 - 9 - 1, etc. et le schéma des deux derniers vers du quatrain final est: 1-3.

Il est à noter que le nombre impair de tercets est laissé au choix du poète.

Ex: VILLANELLE DE BULOZ

1	« J'ai perdu mon Limayrac;	a
2	Ce coup-là me bouleverse.	b
3	Je veux me vêtir d'un sac.	a
4	Il va mener, en cornac,	a
5	La *Gazette du Commerce*.	b
1	J'ai perdu mon Limayrac.	a
6	Mon Limayrac sur Balzac	a
7	Savait seul pleuvoir à verse.	b
3	Je veux me vêtir d'un sac.	a
8	Pour ses bons mots d'almanach	a
9	On tombait à la renverse.	b
1	J'ai perdu mon Limayrac.	a

LA VILLANELLE

10	Sans mon habile micmac,	a
11	Sainte-Beuve tergiverse.	b
3	Je veux me vêtir d'un sac.	a

12	Il a pris son havresac,	a
13	Et j'ai pris la fièvre tierce.	b
1	J'ai perdu mon Limayrac.	a

14	A fumer, sans nul tabac!	a
15	Depuis ce jour je m'exerce.	b
3	Je veux me vêtir d'un sac.	a

16	Pleurons, et vous de cognac	a
17	Mettez une pièce en perce!	b
1	J'ai perdu mon Limayrac,	a
3	Je veux me vêtir d'un sac! »	a

(Théodore Banville)

Ex: UN OISEAU

1	Un oiseau sur une branche	a
2	Un hiver, un clair matin	b
3	Quel début de beau dimanche!	a

4	Tout petit sur neige blanche	a
5	Ne tissant que son destin	b
1	Un oiseau sur une branche	a

LA VILLANELLE

6	Je m'étire, je me penche	a
7	M'étonnant de son instinct	b
3	Quel début de beau dimanche!	a
8	Émotions en avalanche	a
9	Mon regard bien enfantin	b
1	Un oiseau sur une branche	a
10	L'oiseau bleu couleur pervenche	a
11	De mon coeur, chasse lutins	b
1	Un oiseau sur une branche	a
3	Quel début de beau dimanche!	a

(Mado de l'Isle)
Sous le ciel des Saisons
Prix Isaac de Benserade de la
Société des Poètes et Artistes
de France, Québec-Normandie 1984

Ex:	....	
1	....	a
2	....	b
3	....	a

LA VILLANELLE

4	....	a
5	....	b
1	....	a
6	....	a
7	....	b
3	....	a
8	....	a
9	....	b
1	....	a
10	....	a
11	....	b
1	....	a
3	....	a

LE RONDEAU

Le rondeau est un petit poème qui se compose de 13 vers sur deux rimes avec répétitions obligées. L'une des deux rimes est masculine et l'autre féminine. Il est généralement écrit en 10 syllabes ou en 8 syllabes et la première partie du premier vers reparaît comme refrain à la fin des deux derniers couplets.

La première rime est employée 8 fois et la seconde apparaît ordinairement 2 fois au commencement de chaque subdivision.

Le schéma des rimes est: **a a b b a, a a b, a a b b a** et le schéma des vers est: 1 - 2 - 3 - 4 - 5 - 6 - 7 - 8 - 1 (première partie seulement)- 9 - 10 - 11 - 12 - 13 - 1 (première partie seulement).

La forme a beaucoup varié selon les époques. L'essentiel est de trouver le refrain: l'art consiste à le ramener de la manière la plus naturelle, et non par des vers qui ne sont que du remplissage plus ou moins habile.

Ex: MIDAS

1	« *Et malheureux* certes et peu sensé,	a
2	Etait Midas d'avarice pressé,	a
3	Tout devint or dans ses mains non pareilles,	b
4	Or dans ses plats, or dedans ses bouteilles,	b
5	Enfin tant d'or, qu'il en fut harassé.	a
6	Il eut des dieux plus qu'il n'avait pensé;	a
7	Nul Partisan n'est si tôt avancé;	a
8	Le voilà donc opulent à merveille,	b
1	*Et malheureux*	

84

LE RONDEAU

9	Autre misère: Il avait prononcé	a
10	Contre Apollon; et ce dieu courroucé	a
11	Lui fit présent d'une paire d'oreilles	b
12	Longues d'une aune, et par le bout vermeilles.	b
13	Un homme est sot qui se trouve exaucé,	a
1	*Et malheureux.* »	

(Isaac de Benserade)

Ex: SUR LA MER DU TEMPS

1	Sur la mer du temps, quelques doux instants	a
2	Renaissent ce soir pour mon coeur battant.	a
3	Je vois devant moi, comme paysage	b
4	Des yeux merveilleux, sur un cher visage;	b
5	S'empare de moi, un bonheur flottant	a
6	Qui me restitue mes jours de printemps.	a
7	Voltes d'émotions, minutes d'antan	a
8	Animent mon corps. Ah! quel beau voyage	b
1	Sur la mer du temps.	

9	Tout au fond de moi, ta voix que j'entends.	a
10	Je n'ai su ton nom, mais je sais pourtant	a
11	Qu'un jour, c'est certain, j'en ai le présage,	b
12	Je te reverrai sur quelque rivage.	b
13	Cet espoir en moi demeure chantant	a
1	Sur la mer du temps.	

(Mado de L'Isle)
Prix Isaac de Benserade 1986
Société des Poètes et Artistes
de France - Québec-Normandie.

LE RONDEAU

Ex: ....

1 .... a

2 .... a

3 .... b

4 .... b

5 .... a

6 .... a

7 .... a

8 .... b

1 (partie) ....

9 .... a

10 .... a

11 .... b

12 .... b

13 .... a

1 (partie)....................................

LE RONDEAU REDOUBLÉ

Le rondeau redoublé n'a que deux traits communs avec le rondeau; il est construit sur deux rimes et se termine par un refrain qui reprend les premiers mots du premier vers.

Mais son plan est tout différent; il se compose de 20 vers partagés en 6 strophes de 4 vers à rimes croisées. Chacun des vers de la première strophe devient, à son rang, le quatrième vers des quatre strophes qui suivent; la sixième strophe a quatre nouveaux vers suivis des premiers mots du premier vers de la première strophe.

Le schéma des rimes est **a b a b, b a b a, a b a b, b a b a, a b a b, b a b a.** Le schéma des vers est: 1 - 2 - 3 - 4, 5 - 6 - 7 - 1, 8 - 9 - 10 - 2, 11 - 12 - 13 - 3, 14 - 15 - 16 - 4, 17 - 18 - 19 - 20 + premiers mots de 1.

Ex: RONDEAU PARFAICT
     A SES AMYS APRES SA DELIVRANCE

1 « En liberté, maintenant, me promène,	a
2 Mais en prison pourtant je fus cloué:	b
3 Voilà comment Fortune me démène,	a
4 C'est bien et mal. Dieu soit du tout loué.	b

LE RONDEAU REDOUBLÉ

5	Les envieux ont dit que de Noué[1]	b
6	N'en sortirais: que la mort les emmène!	a
7	Malgré leurs dents, le noeud est dénoué:	b
1	En liberté, maintenant, me promène.	a
8	Pourtant, si j'ai fâché la Cour Romaine,	a
9	Entre méchants ne fus onc alloué:	b
10	De biens famés j'ai hanté le domaine;	a
2	Mais en prison, pourtant je fus cloué.	b
11	Car, aussitôt que fus désavoué	b
12	De celle-là qui me fut tant humaine,[2]	a
13	Bientôt après à Saint Pris[3] fut voué;	b
3	Voilà comment Fortune me démène.	a
14	J'eus à Paris prison fort inhumaine;	a
15	A Chartres fus doucement encloué;	b
16	Maintenant vais où mon plaisir me mène:	a
4	C'est bien et mal. Dieu soit du tout loué.	b
17	Au fort, amis, c'est à vous bien joué,	b
18	Quand votre main hors du per[4] me ramène.	a
19	Ecrit et fait d'un coeur bien enjoué	b
20	Le premier jour de la verte semaine[5],	a

En liberté. »

(Clément Marot)

---

[1] Noël — [2] Luna, la femme qui l'avait dénoncé — [3] Jeu de mots pour dire la prison - 4 pareil - 5 Le premier mai.

Ex:

DÉSERT DU SILENCE

1	Dans le désert de ton silence	a
2	Je sens la peur m'envelopper	b
3	Le vent du nord sur moi s'élance	a
4	La noire nuit va m'écharper	b

5	Le néant prêt à extirper	b
6	De ma raison, toute balance	a
7	Creuse le trou pour me happer	b
1	Dans le désert de ton silence	a

8	Ce grand amour par excellence	a
9	Semble vouloir se dissiper	b
10	Sans son ardeur, sans sa brillance	a
2	Je sens la peur m'envelopper	b

11	Le seul moyen de m'échapper	b
12	De cet état:— sans violence,	a
13	Les yeux fermés, je dois ramper	b
3	Le vent du nord sur moi s'élance	a

14	Agitation et turbulence	a
15	Tendent tous deux à me saper	b
16	Avec fureur et virulence	a
4	La noire nuit va m'écharper	b

17	Risque vraiment de s'estomper	b
18	Notre bonheur en somnolence	a
19	Là, je le vois se dissiper	b
20	Lui qui n'avait d'équivalence...	a

Dans le désert
(Mado de L'Isle)

LE RONDEAU REDOUBLÉ

Ex: ....

1 .... a

2 .... b

3 .... a

4 .... b

5 .... b

6 .... a

7 .... b

1 .... a

8 .... a

9 .... b

10 .... a

2 .... b

LE RONDEAU REDOUBLÉ

11	....	b
12	....	a
13	....	b
3	....	a
14	....	a
15	....	b
16	....	a
4	....	b
17	....	b
18	....	a
19	....	b
20	....	a

....

LE RONDEL

Le rondel est un petit poème écrit tout entier sur 2 rimes
qui peut avoir 9, 10, 12, 14 ou 15 vers; celui de 13 vers est le
plus fréquent.

Le premier et le deuxième vers reviennent comme refrain après
le sixième vers, et le premier vers constitue de nouveau, par un
refrain final, le treizième vers. Toutefois, au lieu du premier
vers seulement, les deux premiers vers peuvent être répétés à la
fin; la pièce contient alors 14 vers.

Le schéma des rimes du rondel de 14 vers est: **a b b a, a b a b,
a b b a a b** et le schéma des vers est: 1 - 2 - 3 - 4, 5 - 6 -
1 -2, 7 - 8 - 9 - 10 - 1- 2.
> Ex:

1	« Le temps a laissé son manteau	a
2	De vent, de froidure et de pluie	b
3	Et s'est vêtu de broderie,	b
4	De soleil riant, clair et beau.	a
5	Il n'y a bête ni oiseau	a
6	Qu'en son jargon ne chante et crie,	b
1	Le temps a laissé son manteau	a
2	De vent, de froidure et de pluie.	b
7	Rivière, fontaine et ruisseau	a
8	Portent, en livrée jolie,	b
9	Gouttes d'argent d'orfèvrerie,	b
10	Chacun s'habille de nouveau.	a
1	Le temps a laissé son manteau	a
2	De vent, de froidure et de pluie. »	b

(Charles d'Orléans)

LE RONDEL

Ex: PRÉDICTION

1	Je vois le printemps s'envoler	a
2	Loin d'un tremblant bouton de fleur	b
3	Je vois des yeux pleins de candeur	b
4	Cherchant toujours à consoler	a

5	Je vois des vagues déferler	a
6	Sur le rocher trop séducteur	b
1	Je vois le printemps s'envoler	a
2	Loin d'un tremblant bouton de fleur	b

7	Je vois des lèvres dévoiler	a
8	Les dessous de troublantes peurs	b
9	Je vois, je vois le temps moqueur	b
10	Vers l'avenir toujours filer...	a
1	Je vois le printemps s'envoler	a
2	Loin d'un tremblant bouton de fleur	b

(Mado de L'Isle)
Sous le ciel des Saisons.

LE RONDEL

Ex: ....

1 ....   a

2 ....   b

3 ....   b

4 ....   a

5 ....   a

6 ....   b

1 ....   a

2 ....   b

7 ....   a

8 ....   b

9 ....   b

10 ....   a

1 ....   a

2 ....   b

94

LA BALLADE

La ballade est un petit poème jadis chanté et même dansé «ballé»
d'où son nom; c'est une pièce à refrain.

La ballade est composée ordinairement de 3 ou 5 couplets
construits sur les mêmes rimes. Chaque couplet, divisé en deux,
comprend généralement 8 vers de 8 ou 10 syllabes sur 3 rimes:
a b a b , **b c b c** (Ex:A) ou 10 vers de 10 syllabes sur 4 rimes:
a b a b b, c c d c d (Ex:B).

Les 3 couplets de la ballade se terminent par le même vers qui
sert de refrain. Le demi-couplet final portant le nom d'envoi,
commence généralement par le mot Prince, ou un mot équiva-
lent, et reproduit la disposition de la seconde moitié des couplets
b c b c avec les mêmes rimes et le refrain.

La ballade a donc, en tout, 28 vers sur 3 rimes (Ex:A) ou 35
vers sur 4 rimes (Ex:B).

Ex:A   BALLADE DES DAMES DU TEMPS JADIS

1	« DITES-MOI où, n'en quel pays,	a
2	Est Flora, la belle Romaine;	b
3	Archipiada, ne Thaïs,	a
4	Qui fut sa cousine germaine;	b
5	Echo, parlant quand bruit on mène	b
6	Dessus rivière ou sus étan,	c
7	Qui beauté eut plus qu'humaine?	b
8	Mais où sont les neiges d'antan!	c
9	Où est la très sage Hélois,	a
10	Pour qui fut cloîtré et puis moine	b
11	Pierre Esbaillart à Saint-Denis?	a

12	Pour son amour eut cet essoine.	b
13	Semblablement, où est la royne	b
14	Qui commanda que Buridan	c
15	Fut jeté en un sac en Seine?	b
8	Mais où sont les neiges d'antan!	c

16	La royne Blanche comme un lys	a
17	Qui chantait à voix de sereine;	b
18	Berthe au grand pied, Bietris, Alys;	a
19	Haremburgis, qui tint le Maine,	b
20	Et Jehanne, la bonne Lorraine,	b
21	Qu'Anglais brûlèrent à Rouen;	c
22	Où sont-ils, Vierge souveraine?	b
8	Mais où sont les neiges d'Antan!	c

Envoi

23	PRINCE, n'enquerez de semaine	b
24	Où elles sont, ni de cet an,	c
25	Que ce refrain ne vous remaine;	b
8	Mais où sont les neiges d'antan!	c

(François Villon)

Ex:A   TROIS CHOIX

1	Tout en effeuillant blanche marguerite	a
2	Fillette d'hier, restant dans l'ornière	b
3	Tu as décidé d'être carmélite	a
4	Dans le calme plat et dans la prière	b

96

LA BALLADE

5	Des voeux prononcés, rigueur journalière	b
6	Limitant ton sort par l'usage coi	c
7	Tu as consenti d'être prisonnière	b
8	C'était ton destin. Tu portais ta croix.	c
9	Dans la soumission, le coeur qui palpite	a
10	Rien d'autre ne vaut. Femme toute entière	b
11	Épouse, maman, giron de l'orbite	a
12	Vers un au-delà, coule la rivière	b
13	Ton homme devant, toi toujours derrière	b
14	N'osant surtout pas élever la voix	c
15	Tu accomplissais tâches routinières	b
8	C'était ton destin. Tu portais ta croix.	c
16	Rêves du passé, l'élan qui t'habite	a
17	Tout a disparu. Actions coutumières	b
18	Tristement tu vis comme parasite	a
19	Dans un siècle dur à triste visière	b
20	Folle dérision dans sèche rizière	b
21	Tu te vois blanchir dessous le harnois	c
22	On avait fermé nombre de barrières	b
8	C'était ton destin. Tu portais ta croix.	c

Envoi

23	PRINCE, je perçois, la femme guerrière	b
24	Qui souvent se dit, en fixant son choix	c
25	Avant tu portais carcan, muselière	b
8	C'était ton destin. Tu portais ta croix.	c

(Mado de L'Isle)

LA BALLADE

Ex:A   ....

1   ....   a

2   ....   b

3   ....   a

4   ....   b

5   ....   b

6   c

7   ....   b

8   c

9   ....   a

10   ....   b

11   ....   a

12   ....   b

13   ....   b

14   c

LA BALLADE

15 .... b

8 c

16 .... a

17 .... b

18 .... a

19 .... b

20 .... b

21 c

22 .... b

8 c

Envoi

23 .... b

24 c

25 .... b

8 c

BALLADE DES PENDUS

1 « FRÈRES humains, qui après nous vivez,	a
2 N'ayez les coeurs contre nous endurcis,	b
3 Car, si pitié de nous pauvres avez,	a
4 Dieu en aura plus tôt de vous mercis.	b
5 Vous nous voyez ci attachés cinq, six:	b
6 Quand de la chair, que trop avons nourrie,	c
7 Elle est piéça, dévorée et pourrie,	c
8 Et nous, les os, devenons cendre et poudre.	d
9 De notre mal personne ne s'en rie,	c
10 Mais priez Dieu que tous nous veuille absoudre!	d

11 Si vous clamons, frères, pas n'en devez	a
12 Avoir dédain, quoique fûmes occis	b
13 Par justice. Toutefois, vous savez	a
14 Que tous les hommes n'ont pas bon sens assis;	b
15 Intercédez doncques, de coeur rassis,	b
16 Envers le Fils de la Vierge Marie,	c
17 Que sa grâce ne soit pour nous tarie,	c
18 Nous préservant de l'infernale foudre.	d
19 Nous sommes morts, âme ne nous harie;	c
10 Mais priez dieu que tous nous veuille absoudre!	d

20 La pluie nous a débués et lavés,	a
21 Et le soleil desséchés et noircis;	b
22 Pies, corbeaux, nous ont les yeux cavés	a
23 Et arrachés la barbe et les sourcils;	b
24 Jamais, nul temps, nous ne sommes rassis;	b
25 Puis çà, puis là, comme le temps varie,	c
26 A son plaisir sans cesse nous charrie,	c
27 Plus becquetés d'oiseaux que dés à coudre.	d
28 Ne soyez donc de notre confrérie,	c
10 Mais priez Dieu que tous nous veuille absoudre!	d

LA BALLADE

Envoi

29 PRINCE Jésus, qui sur tous seigneurie, c
30 Garde qu'Enfer n'ait de nous la maistrie: c
31 A lui n'ayons que faire ni que soudre. d
32 Hommes, ici n'usez de moquerie, c
10 Mais priez Dieu que tous nous veuille absoudre! d

(François Villon)

Ex:B ....

1 .... a

2 .... b

3 .... a

4 .... b

5 .... b

6 c

7 c

8 .... d

9 c

10 .... d

LA BALLADE

11 .... a

12 .... b

13 .... a

14 .... b

15 .... b

16 c

17 c

18 .... d

19 c

10 .... d

20 .... a

21 .... b

22 .... a

23 .... b

24 .... b

25 c

LA BALLADE

26	....	c
27	....	d
28	....	c
10	....	d

Envoi

29	....	c
30	....	c
31	....	d
32	....	c
10	....	d

LE CHANT ROYAL

Le chant royal est une variété de la ballade. Il se distingue de celle-ci par l'ampleur de ses dimensions (2 couplets de plus), par l'envolée de son inspiration et par sa forme plus stricte.

Il se compose de 5 strophes de 11 vers chacune, suivies d'un envoi de 5, 6 ou 7 vers; cet envoi commence généralement par le mot Prince, ou un mot équivalent, et reproduit la disposition de la seconde moitié des strophes.

Toutes les strophes de 8 ou 10 syllabes du chant royal sont écrites sur des rimes semblables à celle de la première strophe (pas nécessairement dans le même ordre des exemples qui suivent).

Ex: MONSIEUR COQUARDEAU

1	« Roi des Crétins, qu'avec terreur on nomme,	a
2	Grand Coquardeau, non, tu ne mourras pas.	b
3	Lépidoptère en habit de Prudhomme,	a
4	Ta majesté t'affranchit du trépas,	b
5	Car tu naquis aux premiers jours du monde,	c
6	Avant les cieux et les terres et l'onde.	c
7	Quand le métal entrait en fusion,	d
8	Titan, instruit par une vision,	d
9	Que son travail durerait la semaine,	e
10	Fondit d'abord, et par provision,	d
11	Le front serein de la Bêtise humaine.	e

12	On t'a connu dans Corinthe et dans Rome,	a
13	Et sous Colbert, comme sous Maurepas.	b
14	Mais sur tes yeux de vautour économe	a
15	Se courbait l'arc d'un sourcil plein d'appas,	b
16	Et le sommet de ta tête profonde	c
17	A resplendi sous la crinière blonde.	c
18	Que Gavarni tourne en dérision	d
19	Tes six cheveux! Avec décision	d
20	Le démêloir en toupet les ramène:	e
21	Un dieu scalpa, comme l'Occasion,	d
22	Le front serein de la Bêtise humaine.	e

| 23 | Tu te rêvais député de la Somme | a |
| 24 | Dans les discours que tu développas | b |

25	Et, beau parleur grâce à ton majordome,	a
26	On te voit fier de tes quatre repas.	b
27	Lorsqu'en s'ouvrant ta bouche rubiconde	c
28	Verse au hasard les trésors de Golconde,	c
29	On cause bas, à ton exclusion,	d
30	Ou chacun rêve à son évasion.	d
31	Tu n'as jamais connu ce phénomène;	e
32	Mais l'ouvrier doubla d'illusion	d
33	Le front serein de la Bêtise humaine.	e

34	Comme Paris tu tiens toujours la pomme.	a
35	Dans ton salon, qu'ornent des Mazeppas	b
36	On boit du lait, et du sirop de gomme,	a
37	Et tu n'y peux, selon toi, faire un pas	b
38	Sans qu'à ta flamme une flamme réponde.	c
39	Dans tes miroirs tu te vois en Joconde.	c
40	Jamais pourtant, coeur plein d'effusion,	d
41	Tu n'oublias ta chère infusion	d
42	Pour les rigueurs d'Iris ou de Climène.	e
43	L'espoir fleurit avec profusion	d
44	Le front serein de la Bêtise humaine.	e

45	A ton café, tu te dis brave comme	a
46	Un Perceval, et toi même écharpas	b
47	Le rude Arpin; ta chiquenaude assomme.	a
48	Lorsque tu vas les jambes en compas,	b
49	On croirait voir un héros de la Fronde,	c
50	Ou quelque preux, vainqueur de Trébizonde.	c
51	Mais, évitant avec précision	d
52	L'éclat fatal d'une collision,	d
53	Tu vis dodu comme un chapon du Maine,	e
54	Pour sauver mieux de toute lésion	d
55	Le front serein de la Bêtise humaine.	e

LE CHANT ROYAL

Envoi.

56	Prince des sots, un système qu'on fonde	c
57	A son aurore a soif de ta faconde.	c
58	Toi, tu vivais dans la prévision	d
59	Et dans l'espoir de cette invasion:	d
60	Le Réalisme est ton meilleur domaine,	e
61	Car il charma dès son éclosion	d
62	Le front serein de la Bêtise humaine. »	e

(Théodore de Banville)

Ex: AMOUR

1	Roi tout puissant, toi qui conduis le monde	a
2	Passionnément depuis sa formation	b
3	Ne vois-tu pas la fureur qui t'inonde	a
4	L'absurdité est en affirmation	b
5	Toi qui étais une passion ardente	c
6	Un feu sacré, une fièvre brûlante	c
7	Une émotion, un fort attachement	d
8	Là, tu n'en plus que court embrasement	d
9	Sur un bateau allant à la dérive	e
10	Même parfois, tu n'es que croisement	d
11	De pauvres corps que le sexe motive.	e

12	Le mal d'aimer sur cette terre abonde	a
13	Larmes, soupirs, même résignation	b
14	Briment les coeurs: plus de moisson féconde	a
15	Où donc s'en va cette génération?	b
16	À tout moment, ce triste état me hante	c
17	Jusqu'où ira cette rude descente	c
18	De l'être humain perdant tout jugement?	d

LE CHANT ROYAL

19	Qui donc pourrait trouver un traitement	d
20	Pour arrêter cette forte déclive	e
21	À t'oublier si déplorablement?	d
22	J'ai devant moi ta mort en perspective...	e
23	Sur tous les points, la violence gronde	a
24	Naissent conflits entre tant de nations	b
25	Malgré l'envoi de scientifiques sondes	a
26	Notre univers s'en va en perdition	b
27	L'homme se plaît à créer la tourmente	c
28	Et n'entend plus la nature qui chante	c
29	Il détruit tout avec acharnement	d
30	Sans écouter les avertissements	d
31	Des gens sensés toujours sur le qui-vive	e
32	Qui voient venir inévitablement	d
33	La sombre nuit que le doute lessive	e
34	Je voudrais tant que ta flamme redonde	a
35	De sains désirs, de sages vibrations	b
36	Qu'il n'y ait plus de rancoeur furibonde	a
37	Faisant échec à ta domination	b
38	Tu apparais comme étoile filante	c
39	Que le roman maintes fois ornemente	c
40	De faux reflets qui brillent faiblement	d
41	Quand ton pouvoir peut triomphalement	d
42	Semer la paix sans des lois oppressives	e
43	Reviens chasser mal et déchirement	d
44	Ô toi qui es la source curative	e
45	Répands sur nous dans leur forme profonde	a
46	L'attachement et la vénération	b
47	Pour ce trésor d'affection qu'on émonde	a

48	De charité et de fascination	b
49	La fin des temps me paraît imminente	c
50	Avec des peurs, des bombes menaçantes	c
51	Je vois partout tant de relâchement	d
52	Devoir, honneur, morale également	d
53	Sont remplacés par des règles nocives	e
54	Le désaccord et l'avilissement	d
55	Mènent tout droit à des actions fautives	e

Envoi

56	Ô Majesté, ô toi, soif dévorante	c
57	Dont la douceur à jamais évidente	c
58	Apporte à tous l'épanouissement	d
59	Ne subis pas le découronnement	d
60	Ton plein pouvoir et ses prérogatives	e
61	Assureront pour nous l'avènement	d
62	D'un vrai bonheur dont la haine nous prive	e

(Mado de l'Isle)

Ex: ....

1	....	a
2	....	b
3	....	a
4	....	b

LE CHANT ROYAL

5 c

6 c

7 .... d

8 .... d

9 .... e

10 .... d

11 .... e

12 .... a

13 .... b

14 .... a

15 .... b

16 c

17 c

18 .... d

19 .... d

20 .... e

LE CHANT ROYAL

21 .... d

22 .... e

23 .... a

24 .... b

25 .... a

26 .... b

27 c

28 c

29 .... d

30 .... d

31 .... e

32 .... d

33 .... e

34 .... a

35 .... b

LE CHANT ROYAL

36 .... a

37 .... b

38 c

39 c

40 .... d

41 .... d

42 .... e

43 .... d

44 .... e

45 .... a

46 .... b

47 .... a

18 .... b

49 c

50 c

51 .... d

LE CHANT ROYAL

52 .... d

53 .... e

54 .... d

55 .... e

Envoi

56 c

57 c

58 .... d

59 .... d

60 .... e

61 .... d

62 .... e

* L'ordre des rimes du chant royal peut être changé.

LE SONNET

Le sonnet est un petit poème à forme fixe composé de deux quatrains et de deux tercets (en tout: 14 vers). Les deux quatrains sont écrits sur deux rimes seulement; les deux tercets sont liés entre eux par une rime commune, les deux autres vers de chaque tercet rimant entre eux, mais non avec ceux de l'autre tercet. Le mètre du sonnet est variable; en France, il est écrit en alexandrins.

La disposition des rimes doit être la même dans les deux strophes de quatre vers; elles y sont généralement embrassées et quelquefois croisées. Pour la strophe de six vers, on a coutume de la séparer sur le papier en deux tercets, mais c'est en réalité une strophe unique.

La combinaison classique des rimes était: **a b b a, a b b a, c c d, e e d** (Ex:A), mais la combinaison moderne est: **a b b a, a b b a, c c d, e d e** (Ex:B).

Une règle que d'aucuns sont enclins à juger excessive veut que chaque quatrain comme chaque tercet, offre un sens complet; mais beaucoup de poètes enveloppent quatrains et tercets dans une période harmonieuse et marquent seulement d'une suspension légère le passage d'une stance à l'autre.

Le sonnet, malgré son étendue très limitée, peut aborder tous les sujets, prendre tous les tons, et rien ne l'empêche de renfermer la poésie la plus haute; c'est une petite chanson qui n'admet ni médiocrité, ni aucune espèce de négligence. L'idée essentielle du sonnet doit s'exprimer dans le dernier vers qui doit être relevé par une pensée noble, ou délicate, ou ingénieuse, par un trait brillant qui frappe l'esprit.

Dans ce poème, on dit aussi qu'il y a interdiction de répétition de mots à l'exception des conjonctions et des verbes auxiliaires.

Ex:A

LE BEAU VOYAGE

1	« Heureux qui, comme Ulysse, a fait un beau voyage,	a
2	Ou comme celui là qui conquit la toison,	b
3	Et puis est retourné, plein d'usage et raison,	b
4	Vivre entre ses parents le reste de son âge!	a
5	Quand reverrai-je, hélas! de mon petit village	a
6	Fumer la cheminée, et en quelle saison	b
7	Reverrai-je le clos de ma pauvre maison,	b
8	Qui m'est une province, et beaucoup davantage?	a
9	Plus me plaît le séjour qu'ont bâti mes aïeux,	c
10	Que des palais romains le front audacieux,	c
11	Plus que le marbre dur, me plaît l'ardoise fine,	d
12	Plus mon Loire gaulois que le Tybre latin,	e
13	Plus mon petit Liré que le mont palatin,	e
14	Et plus que l'air marin la douceur angevine. »	d

(Joachim du Bellay)

114

LE SONNET

Ex:A   ....

1   ....   a

2   ....   b

3   ....   b

4   ....   a

5   ....   a

6   ....   b

7   ....   b

8   ....   a

9   c

10   c

11   ....   d

12   ....   e

13   ....   e

14   ....   d

LE SONNET

RÉFLEXIONS

1	Sur le pic de l'aurore se dresse ma maison	a
2	Débordante d'amour, fenêtre sur le monde	b
3	Elle m'offre des jours bien à l'abri de l'onde	b
4	Avec un au-delà qui luit à l'horizon	a
5	Le toit clair supporté par des murs sans cloison	a
6	Son calme me séduit. Mon esprit vagabonde	b
7	Sur des nuages blancs que le soleil inonde	b
8	Des images de vie sortent de leur prison	a
9	Un chant de rossignol, des remous d'océan	c
10	Une danse de fleurs, un arc-en-ciel géant	c
11	Comme la goutte d'eau, scandent sur mon coeur	d
12	Puis dans l'accord parfait rêve-réalité	e
13	En scrutant l'infini, je trouve le bonheur	d
14	Qui glisse sur la mer avec tranquilité	e

(Mado de L'Isle)
Sous le ciel des Saisons

LE SONNET

Ex:B ....

1 .... a

2 .... b

3 .... b

4 .... a

5 .... a

6 .... b

7 .... b

8 .... a

9 c

10 c

11 .... d

12 .... e

13 .... d

14 .... e

11. **AUTRES FORMES DE POEMES**

L'IAMBE

L'iambe est un poème dans lequel un vers de douze syllabes alterne continuellement avec un vers de huit syllabes; il est composé de strophes de 4 vers à rimes croisées: **a b a b, c d c d, e f e f**, etc. Son étendue n'est pas limitée.

L'iambe est difficile à manier, car la violence du contraste rythmique produit par les deux vers qui alternent continuellement demande, d'un bout à l'autre du poème, même violence dans les idées exprimées.

Ex   IAMBE (Saint-Lazare)

1	« Quand au mouton bêlant la sombre boucherie	a
2	Ouvre ses cavernes de mort,	b
3	Pâtres, chiens et moutons, toute la bergerie	a
4	Ne s'informe plus de son sort	b

1	Les enfants qui suivaient ses ébats dans la plaine,	c
2	Les vierges aux belles couleurs	d
3	Qui le baisaient en foule, et sur sa blanche laine	c
4	Entrelaçaient rubans et fleurs,	d

1	Sans plus penser à lui, le mangent s'il est tendre	e
2	Dans cet abîme enseveli,	f
3	J'ai le même destin. Je m'y devais attendre.	e
4	Accoutumons-nous à l'oubli.	f

118

L'IAMBE

1	Oubliés comme moi dans cet affreux repaire,	g
2	Mille autres moutons, comme moi,	h
3	Pendus aux crocs sanglants du charnier populaire,	g
4	Seront servis au peuple-roi,	h
1	Que pouvaient mes amis? Oui, de leur main chérie	i
2	Un mot, à travers ces barreaux,	j
3	Eût versé quelque baume en mon âme flétrie;	i
4	De l'or peut-être à mes bourreaux...	j
1	Mais tout est précipice. Ils ont eu droit de vivre.	k
2	Vivez, amis, vivez contents.	l
3	En dépit de..., soyez lents à me suivre;	k
4	Peut-être en de plus heureux temps	l
1	J'ai moi-même, à l'aspect des pleurs de l'infortune,	m
2	Détourné mes regards distraits;	n
3	A mon tour aujourd'hui mon malheur importune;	m
4	Vivez, amis; vivez en paix. »	n

(André Chénier)

Ex: ....

1	....	a
2	....	b
3	....	a
4	....	b

1 c

2 .... d

3 c

4 .... d

1 .... e

2 .... f

3 .... e

4 .... f

1 .... g

2 .... h

3 .... g

4 .... h

1 i

2 .... j

3 i

4 .... j

Ex: L'IAMBE

1   Pour la première fois, je veux créer l'iambe   a
2   Qu' on dit si dur à manier   b
3   Afin de réussir, montant à toutes jambes   a
4   Je vais fouiller dans le grenier   b

1   Le poète Chénier me donne le modèle   c
2   Mode trouvé — l'iambe: objet   d
3   J'écris puis je polis des mots à tire-d'aile   c
4   Pour moi, l'effort, ça me connaît   d

1   Avec rimes croisées par des pinces de crabes   e
2   Et d'autres vers à devenir   f
3   Un troisième quatrain en dix et huit syllabes   e
4   Tout simplement, vient de finir   f

1   Le rythme tantôt lent et tantôt très rapide   g
2   Donne à l'écrit, force, vigueur   h
3   Le long mètre s'étend comme l'onde limpide   g
4   Et le plus court se fait blagueur   h

1   Maintenant terminé l'exposé de ses règles   i
2   Pour l'unité, l'iambe doit   j
3   S'en aller vers la fin à la façon de l'aigle   i
4   J'atteins mon but. Ah! quel émoi!   j

(Mado de L'Isle)

121

LE LAI

Le lai est un poème narratif ou lyrique à vers très courts; il est très ancien et ne se compose pas d'une strophe unique.

Le lai admet un nombre indéterminé de couplets sur deux rimes entremêlées à volonté pourvu que l'une des deux soit dominante.

Le nombre des vers de chaque couplet n'est pas limité et les divers couplets n'ont même pas obligatoirement le même nombre.

Les mètres les plus usités sont les vers de sept, de cinq, et de trois syllabes, combinés et mélangés au gré du poète dans chaque couplet; seuls le premier et le dernier couplets doivent présenter les mêmes combinaisons.

Ex:

« S'aimerai	a
Servirai,	a
Cremirai,	a
Et lui obéirai	a
D'humble vouloir,	b
En espoir	b
De veoir	b
Et d'avoir	b
Grâce et confort; car, pour vrai,	a
Mestier en ai.	a
Si tiendrai	a
Le corps gai,	a
Et aurai	a
Ferme,loyal coeur et vrai,	a
A mon pouvoir,	b
Car j'espoir	b

122

LE LAI

Mieulx valoir	b
De manoir	b
En Loyauté main et soir:	b
Pour ce le fai. »	a

(Jean Froissard)

Ex: FANTAISIE

Une jeune fille	a
Cueillant des jonquilles	a
Candeur!	b
Voit du noir qui brille	a
Dessous les ramilles	a
Frayeur!	b
Il ouvre la grille	a
Lui tend la chenille	a
Railleur!	b

(Mado de L'Isle)
Sous le ciel des Saisons.

* Comme le lai admet un nombre indéterminé de couplets sur 2 rimes entremêlées à volonté, pourvu que l'une des deux soit dominante, le schéma des rimes n'est pas indiqué à l'exercice.

LE LAI

Ex: ....

....

....

....

....

....

....

....

....

....

....

....

....

....

124

LE VIRELAI

Le virelai nous est connu sous plusieurs formes.

Le virelai est un ancien petit poème français sur deux rimes et à refrain. C'est une variété du lai dans laquelle on prenait la rime du vers de deux syllabes de la première partie du lai pour en faire, dans la seconde partie, la rime du vers de cinq syllabes; c'était faire « virer » la rime.

Par la suite, apparut une forme tout à fait différente de virelai écrit tout entier sur deux rimes et dans lequel les deux premiers vers revenaient plusieurs fois comme refrain. De cette manière, le virelai se rapprochait de la ballade et du triolet EX:A).

Sous une de ses formes, le virelai est construit comme un lai, mais avec cette particularité que la rime dominante du deuxième couplet, au lieu d'être quelconque, est la même que la rime dominée du premier; la rime dominante du troisième vers est la rime dominée du deuxième, et ainsi de suite, jusqu'au dernier couplet qui reproduit le dispositif du premier avec les deux rimes en ordre inverse. En somme, c'est un lai où la rime dominée est virée en dominante d'un couplet à l'autre.

Ces reprises de rimes constituent déjà en quelque mesure une sorte de refrain. Dans les premiers vers du premier couplet, en nombre quelconque, les rimes revirent, c'est-à-dire reviennent à la fin de chacun des couplets suivants. Ou bien, et c'est le cas le plus fréquent, les deux premiers vers seulement fournissent le refrain, revenant alternativement à la fin de chaque couplet, d'abord le premier, puis le second, jsuqu'au dernier couplet qui se termine en reprenant les deux vers, mais en ordre inverse.

Dans un cas comme dans l'autre le nombre des couplets et celui des vers de chaque couplet sont indéterminés. On peut employer des mètres différents comme dans le lai, ou bien garder le même mètre d'un bout à l'autre.

Ex:A   VIRELAI A MES EDITEURS

1 «	Barbanchu nargue la rime!	a
2	Je défends que l'on m'imprime!	a
3	La gloire n'était que frime,	a
4	Vainement pour elle on trime,	a
5	Car ce point est résolu.	b
6	Il faut bien qu'on nous supprime:	a
1	Barbanchu nargue la rime!	a
7	Le cas enfin s'envenime.	a
8	Le prosateur chevelu,	b
9	Trop longtemps fut magnanime.	a
10	Contre la lyre il s'anime,	a
11	Et traite d'hurluberlu	b
12	Ou d'un terme synonyme	a
13	Quiconque ne l'a pas lu.	b
2	Je défends que l'on m'imprime.	a
14	Fou, tremble qu'on ne t'abîme!	a
15	Rimer, ce temps révolu,	b
16	C'est courir vers un abîme,	a
1	Barbanchu nargue la rime!	a
17	Tu ne vaux plus un décime!	a
18	Car l'ennemi nous décime,	a
19	Sur nous pose un doigt velu,	b

LE VIRELAI

20	Et, dans son chenil intime,	a
21	Rit en vrai patte-pelu	b
22	De nous voir pris à sa glu	b
23	Malgré le monde unanime,	a
24	Tout prodige est superflu.	b
25	Le vulgaire dissolu	b
26	Tient les mètres en estime:	a
27	Il y mord en vrai goulu!	b
28	Bah! pour mériter la prime.	a
29	Tu lui diras: Lanturlu!	b
2	Je défends que l'on m'imprime!	a
30	Molière au hasard s'escrime,	a
31	C'est un bouffon qui se grime;	a
32	Dante vieilli se périme,	a
33	Et Shakespeare nous opprime!	a
34	Que leur art jadis ait plu,	b
35	Sur la récolte il a plu,	b
36	Et la foudre pour victime	a
37	Choisit leur toit vermoulu.	b
38	C'était un régal minime	a
39	Que Juliette ou Monime!	a
40	Descends de ta double cime,	a
41	Et, sous quelque pseudonyme,	a
42	Fabrique une pantomime;	a
43	Il le faut, il l'a fallu.	b
44	Mais plus de retour sublime	a
45	Vers Corinthe ou vers Solyme!	a
46	Ciseleur, brise ta lime,	a
1	Barbanchu nargue la rime!	a

LE VIRELAI

47	Seul un réaliste exprime	a
48	Le Beau rêche et mamelu:	b
49	En douter serait un crime.	a
1	Barbanchu nargue la rime!	a
2	Je défends que l'on m'imprime! »	a

(Théodore de Banville)

Ex:A   L'AMITIÉ

1	L'amitié est agréable	a
2	C'est un fait incontestable	a
3	Quand un jour, inconsolable	a
4	Un malheur là, vous accable	a
5	N'est-ce pas appréciable	a
6	De sentir la loyauté	b
7	D'un copain très serviable?	a
2	C'est un fait incontestable	a
8	Apportant sincérité	b
1	L'amitié est agréable	a
9	Ce n'est pas inconcevable	a
10	Qu'en des mots inexprimables	a
11	Vous puissiez mettre sur table	a
12	Un état bien misérable	a
13	Qui vous rend si agité	b
14	Quand est là, votre semblable	a
15	Ce quelqu'un si charitable	a

LE VIRELAI

| 16 | Cet humain, le véritable | a |
| 2 | C'est un fait incontestable | a |

17	Disons-le avec fierté	b
1	L'amitié est agréable	a
18	Un besoin insatiable	a
19	De bonheur intarissable	a
20	Pas toujours réalisable	a
21	Par chacun est convoité	b
22	L'affection inestimable	a
23	D'un ami, est formidable	a
2	C'est un fait incontestable	a

| 24 | Toute pleine de bonté | b |
| 1 | L'amitié est agréable | a |

25	Le soutien inoubliable	a
26	D'une main bien secourable	a
27	Apportant sincérité	b
28	Vont créer un lien durable	a
29	Ce trésor incomparable	a
2	C'est un fait incontestable	a

| 1 | L'amitié est agréable | a |
| 2 | C'est un fait incontestable | a |

(Mado de L'Isle)

LE VIRELAI

Ex:A ....

1 .... a

2 .... a

3 .... a

4 .... a

5 .... a

6 .... b

7 .... a

2 .... a

8 .... b

1 .... a

9 .... a

10 .... a

LE VIRELAI

11 .... a

12 .... a

13 .... b

14 .... a

15 .... a

16 .... a

2 .... a

17 .... b

1 .... a

18 .... a

19 .... a

20 .... b

21 .... a

1 .... a

2 .... a

LA TERZA-RIMA

La terza-rima, importée d'Italie, est un poème écrit d'ordinaire en alexandrins. Sa longueur n'est pas limitée. La disposition de ses rimes en fait la difficulté et en même temps le principal intérêt.

Le premier vers rime avec le troisième vers; le second vers rime avec le quatrième vers et le sixième vers; le cinquième vers rime avec le septième vers et le neuvième vers; cet enchaînement se continue de couplet en couplet. Toutes les rimes sont donc répétées trois fois, sauf la première et la dernière, et il n'y a nulle part de rimes plates. Le dernier vers reste isolé et rime avec le vers du milieu de la strophe précédente.

Bien entendu, de tercet en tercet, il y a un arrêt du sens, car pour sentir la beauté particulière de ce rythme, il ne faut pas que, par l'empiétement d'un tercet sur l'autre, l'oreille perde l'impression de la véritable unité; rythmique en constituant, par exemple, un quatrain. La concordance entre le rythme de la strophe et le sens ne doit jamais être différée, sauf, à la conclusion du poème, ou le sens déborde de la dernière strophe pour s'achever avec le vers unique.

Il est de plus, de toute nécessité, que le vers soit un trait frappant en quelque manière, ou par le choc imprévu de la pensée, ou par un profond rapport logique avec tout le poème, et en tout cas, par la beauté lyrique de la forme; sinon, au lieu de la joie d'un aboutissement, c'est la déception d'un avortement qui serait ressenti.

Typographiquement, la terza-rima est divisée par des blancs en groupes de trois vers ou tercets. Le schéma des rimes est donc: **a b a, b c b, c d c, d e d**, etc.

LA TERZA-RIMA

Ex: LE DERNIER SOUVENIR

1	« J'ai vécu, je suis mort.— Les yeux ouverts je coule	a
2	Dans l'incommensurable abîme, sans rien voir,	b
3	Lent comme une agonie et lourd comme une foule.	a
4	Inerte blême, au fond d'un lugubre entonnoir	b
5	Je descends d'heure en heure et d'année en d'année,	c
6	À travers le Muet, l'Immobile, le Noir.	b
7	Je songe, et ne sens plus. L'épreuve est terminée.	c
8	Qu'est-ce donc que la vie? Étais-je jeune ou vieux?	d
9	Soleil! Amour! — Rien, rien. Va, chair abandonnée!	c
10	Tournoie, enfonce, va! Le vide est dans tes yeux,	d
11	Et l'oubli s'épaissit et t'absorbe à mesure.	e
12	Si je rêvais! Non, non, je suis bien mort. Tant mieux.	d
13	Mais ce spectre, ce cri, cette horrible blessure?	e
14	Cela dut m'arriver en des temps très anciens	f
15	Ô Nuit! Nuit du néant, prends-moi!—La chose est sûre:	e
16	Quelqu'un m'a dévoré le coeur, je me souviens. »	f

(Leconte de Lisle)
Poèmes barbares

LA TERZA-RIMA

Ex: VAGUE GRISE

1	Tristesse d'une nuit aux larmes généreuses	a
2	Revenant sans arrêt comme vagues de mer	b
3	Tu étends le varech sur plage nébuleuse	a
4	L'angoisse de l'enfant de la chair de ma chair	b
5	A dressé une croix de forme guillotine	c
6	En travers d'un chemin refroidi par l'hiver	b
7	À côté dans le vent, se dresse l'églantine	c
8	Aux pétales velours, aux épines de jais	d
9	Et c'est là dans la fleur, que l'abeille butine	c
10	Le brouillard s'amincit. Le rocher reparaît	d
11	Crevassé, lézardé, recouvert de broussailles	e
12	Puis se lève le jour sans promesse d'air frais	d
13	Miracle de l'amour; se rosit la grisaille	e

(Mado de L'Isle)

Ex: ....

1	....	a
2	....	b
3	....	a

LA TERZA-RIMA

4 ....   b

5   c

6 ....   b

7   c

8 ....   d

9   c

10 ....   d

11 ....   e

12 ....   d

13 ....   e

14 ....   f

15 ....   e

16 ....   f

LE PANTOUM

Le pantoum est un poème originaire de la Malaisie; il est généralement composé de quatrains à rimes croisées dans lesquels le deuxième et le quatrième vers sont repris par le premier et le troisième vers de la strophe suivante. Deux thèmes y sont traités parallèlement, l'un dans les deux premiers vers, l'autre dans les deux derniers vers de chaque strophe; le dernier vers du pantoum répète le premier vers.

Généralement la première partie est plutôt extérieure et pittoresque, l'autre intime et morale. Ces deux idées n'ont rien de commun, mais il est facile de comprendre quels effets un poète peut tirer de la poursuite de ces deux motifs différents, de ces deux antithèses continuellement parallèles qui se lient tout en s'opposant.

Le schéma des rimes est: **a b a b, b c b c, c d c d, d e d e, e f e f, f g f g, g h g h, h a h a** (Ex:A) — Le schéma des vers est: 1 - 2 - 3 - 4, 2 - 5 - 4 - 6, 5 - 7 - 6 - 8, 7 - 9 - 8 - 10, 9 - 11 - 10 - 12, 11 - 13 - 12 - 14, 13 - 15 - 14 - 16, 15 - 17 - 16 - 1 (Ex:A).

Le nombre de quatrains n'est pas limité; cependant comme le dernier vers est la répétition du premier vers, le vers précédant l'avant-dernier rime avec le dernier vers.

Ex:A   LE PANTOUM MALAIS

1 « O mornes yeux! Lèvre pâlie!	a
2 J'ai dans l'âme un chagrin amer	b
3 Le vent bombe la voile emplie,	a
4 L'écume argente au loin la mer.	b

136

LE PANTOUM

2	J'ai dans l'âme un chagrin amer:	b
5	Voici sa belle tête morte!	c
4	L'écume argente au loin la mer,	b
6	Le praho[1] rapide m'emporte.	c

5	Voici sa belle tête morte!	c
7	Je l'ai coupée avec mon kriss[2].	d
6	Le praho rapide m'emporte	c
8	En bondissant comme l'axis[3].	d

7	Je l'ai coupée avec mon kriss;	d
9	Elle saigne au mât qui la berce.	e
8	En bondissant comme l'axis	d
10	Le praho plonge et se renverse.	e

9	Elle saigne au mât qui la berce;	e
11	Son dernier râle me poursuit.	f
10	Le praho plonge et se renverse.	e
12	La mer blême asperge la nuit	f

11	Son dernier râle me poursuit,	f
13	Est-ce bien toi que j'ai tuée?	g
12	La mer blême asperge la nuit,	f
14	L'éclair fend la noire nuée.	g

---

[1] praho: une barque des pirates malais. [2] Kriss: un glaive à lame ondulée.
3 axis: une gazelle.

LE PANTOUM

13	Est-ce bien toi que j'ai tuée?	g
15	C'était le destin, je t'aimais!	h
14	L'éclair fend la noire nuée,	g
16	L'abîme s'ouvre pour jamais.	h
15	C'était le destin, je t'aimais!	h
17	Que je meure afin que j'oublie!	a
16	L'abîme s'ouvre pour jamais.	h
1	O mornes yeux! Lèvre pâlie!»	a

(Leconte de Lisle)
Lamentations de l'amant, meurtrier de
la femme infidèle. Poèmes tragiques.

Ex:B   L'ÉTÉ SE MEURT

1	L'été se meurt en soubresauts	a
2	Enveloppé de doux parfum	b
3	Mon coeur serré dans un étau	a
4	J'ai souvenir de gris embrun	b
2	Enveloppé de doux parfum	b
5	Sur le pré vers à bout de force	c
4	Mon coeur serré dans un étau	b
6	L'automne noir voilà s'amorce	c
5	Sur le pré vert à bout de force	c
7	Le vent abat les derniers fruits	d
6	L'automne noir voilà s'amorce	c
8	Je vois le temps qui toujours fuit	d

138

LE PANTOUM

7	Le vent abat les derniers fruits	d
9	D'une saison qui là, s'achève	e
8	Je vois le temps qui toujours fuit	d
10	Pourquoi ne pas vivre le rêve?	e
9	D'une saison là, qui s'achève	e
11	Seront remplis bien des boisseaux	a
10	Pourquoi ne pas vivre le rêve?	e
1	L'été se meurt en soubresauts	a

(Mado de L'Isle)

Ex:B   ....

1	....	a
2	....	b
3	....	a
4	....	b
2	....	b
5	....	c
4	....	b
6	....	c

LE PANTOUM

5 c

7 .... d

6 c

8 .... d

7 .... d

9 .... e

8 .... d

10 .... e

9 .... e

11 .... a

10 .... e

1 .... a

LE HAÏKAÏ

Le haïkaï est un poème classique japonais extrêmement concis; c'est une sorte d'épigramme de ton plus familier que le tanka dont il dérive.

Le mot « haïkaï signifie « poésie comique » et tel fut en effet son caractère originel; il est formé de trois vers dont le premier et le troisième sont heptasyllabiques (7 syllabes) et le deuxième, pentasyllabiques (5 syllabes). (Ex:A)

Il devient le mode d'expression parfait d'une poésie mystique pénétrée par un vif sentiment de la nature et d'un symbolisme très riche; il est formé généralement de trois vers respectivement de cinq, de sept et de cinq syllabes. (Ex:B)

LE HAÏKAÏ

Ex:A   DIVERSION

1	Avec mouche sur le nez	a	7 syllabes
2	L'orateur bafouille.	b	5 syllabes
3	Naît un rire inopiné!	a	7 syllabes

(Mado de L'Isle)

Ex:B   VAGUES DE MER

1	Des vagues de mer	a	5 syllabes
2	Apportant la peur, l'angoisse	b	7 syllabes
3	Ont un goût amer	a	5 syllabes

(Mado de L'Isle)

LE HAÏKAÏ (suite)

Ex:A   ....

1	....	a	7 syllabes
2	....	b	5 syllabes
3	....	a	7 syllabes

Ex:B   ....

1	....	a	5 syllabes
2	....	b	7 syllabes
3	....	a	5 syllabes

L'ÉPIGRAMME

L'épigramme et une pièce de vers qui se termine par un trait piquant, malin. Dans sa forme primitive, l'épigramme était une simple inscription gravée sur un tombeau, une colonne, les murs d'un temple, etc., pour expliquer brièvement le sens de l'objet auquel elle se rapportait.

À la période alexandrine, l'épigramme devint un genre littéraire autonome qui gardera toujours un tour très caustique: une sorte de satire en abrégé.

L'épigramme peut être écrite avec deux vers, trois vers, quatre vers, cinq vers, six vers, sept vers, (settain), huit vers (huitain), neuf vers (neufain), dix vers (dizain), onze vers (unzain), douze vers (douzain), etc. Les rimes plates, croisées, mêlées, embrassées sont utilisées pour les épigrammes. Voici le schéma des rimes pour les épigrammes de moins de sept vers: 2 vers **a a**, 3 vers: **a b a**, 4 vers: **a b b a**, 5 vers: **a b a a b**, 6 vers: **a a b c b c**.

Il est à noter qu'ordinairement, dans l'épigramme de huit vers, les quatre premiers et derniers vers écrits en rimes croisées sont placés de telle sorte que le quatrième et le cinquième vers riment ensemble en rimes plates: **a b a b b c b c**.

L'épigramme de sept vers se fait en retranchant le septième vers de l'épigramme de huit vers: **a b a b b c c**. L'épigramme de neuf vers se fait en ajoutant au septième vers de l'épigramme de huit vers, un autre vers en rimes plates: **a b a b b c b b c**. Toutefois ces deux sortes d'épigrammes sont peu usitées.

Il faut également noter que dans le dizain, les quatre premiers vers et les quatre derniers vers sont croisés; le cinquième vers rime en rimes plates avec le quatrième, et le sixième vers rime en rimes plates avec le septième: **a b a b b c c d c d**.

L'épigramme de onze vers se fait en ajoutant au neuvième vers de l'épigramme de dix vers, un autre vers en rimes plates: **a b a b b c c d c c d**.

Ordinairement l'épigramme de douze vers s'écrit en trois quatrains liés par leurs derniers et premiers vers qui riment entre eux en rimes plates: **a b a b, b c b c, c d c d**, ou fait comme l'épigramme de dix vers: les quatre premiers vers et les quatre derniers vers sont en rimes croisées et les quatre vers du milieu sont joints entre eux et avec les précédents et suivants en rimes plates: **a b a b, b b c c , c d c d**.

La position des rimes peut être autre que démontrée; il en est de même pour la longueur des vers; le choix en est laissé à l'auteur.

L'ÉPIGRAMME

Ex: (2 vers)   A MAROT

1	« Peu de Villons en bon savoir	a
2	Trop de Villons pour décevoir »	a

(Clément Marot)

Ex: (3 vers)

1	« Séraphin gyt icy: Or va, lecteur,	a
2	Car ayant veu tant seulement sa tombe	b
3	D'assez és tu a tés deuz yeus detteur. »	a

Ex: (4 vers)   AU LECTEUR

1	« Ami lecteur, en lisant cet écrit,	a
2	N'exerce pas sur moi ta satirique rage,	b
3	Et que la faiblesse de l'âge	b
4	Excuse celle de l'esprit. »	a

(Victor Hugo)

L'ÉPIGRAMME

Ex: (5 vers)

1	« Tu has pour te rendre amusée	a
2	Ma jeunesse en papier icy:	b
3	Quant a ma jeunesse abusée,	a
4	Un autre que toy l'a usée:	a
5	Contente toy de ceste cy.»	b

Ex: (6 vers)

EN L'HONNEUR DE HENRY GANELON

1	« Quand dans un grand chemin ou halle,	a
2	Paré d'une chemise salle,	a
3	On vous pendra, Monsieur Henry,	b
4	Voyant cette Ceremonie,	c
5	Ne vous fâchez pas si j'en ry:	b
6	Pas un n'y sera qui n'en rie. »	c

(Paul Scarron)

Ex: (8 vers)

ÉPIGRAMME (huitain)

1	« L'autre jour aus champs tout fasché	a
2	Vey un voleur se lamentant	b
3	Dessus une roue attaché:	a
4	Si luy ay dit en m'arrestant,	b

L'ÉPIGRAMME

5	Amy, ton mal est bien distant	b
6	De celuy qui mon coeur empestre:	c
7	Car tu meurs sus la roue estant,	b
8	Et je meurs que je n'y puy estre. »	c

(Clément Marot)

Ex: (10 vers)　　　　DELIE　(dizain)

1	« Amour plouroit, voire si tendrement	a
2	Qu'a larmoier il esmut ma maistresse,	b
3	Qui avec luy pleurant amérement	a
4	Se distilloit en larmes de destresse:	b
5	Alors l'enfant d'une esponge lés presse,	b
6	Et lés reçoit: et sans vers moy se faindre,	c
7	Voicy, dit-il, pour ton ardeur estaindre:	c
8	Et ce disant l'esponge me tendit:	d
9	Mais la cuidant a mon besoin estraindre,	c
10	En lieu d'humeur flammes elle rendit. »	d

(Maurice Scève)

Ex: (2 vers)　　　　AMI LECTEUR

1	Toi qui me lis, laisse mes vers	a
2	T'envelopper de mon hiver	a

(Mado de L'Isle)

146

L'ÉPIGRAMME

Ex: (3 Vers)   VIENS AVEC MOI

1	Avec des mots de tous les jours	a
2	Viens avec moi vivre le rêve	b
3	Sur le sentier des troubadours	a

(Mado de L'Isle)

Ex: (4 vers)   SOMBRE CIEL

1	Empare-toi de bribes de désirs	a
2	Recouvre-les d'une gerbe d'étoiles	b
3	Et munis-toi d'une robuste voile	b
4	Alors ton ciel ne pourra que rosir	a

(Mado de L'Isle)

Ex: (5 vers)   ALARME

1	Tu ne peux changer la face du monde	a
2	Pour que soient heureux les êtres humains	b
3	Regarde partout: le mal vagabonde	a
4	Sur tant de pays, une guerre gronde	a
5	Bien sûr, avec toi, j'ai peur pour demain	b

L'ÉPIGRAMME

Ex: (6 vers) RÉALITÉ

1	Là sous nos pieds, la terre meurt	a
2	Non ce n'est pas une rumeur:	a
3	Le sol et l'air que l'on respire	b
4	Baissent toujours de qualité	c
5	Et l'eau qu'on boit, il faut le dire	b
6	Manque souvent de pureté	c

(Mado de L'Isle)

Ex: (8 vers) VIEILLESSE

1	Chacun son tour d'avoir vingt ans	a
2	De profiter de la jeunesse	b
3	Oui, sans le voir, passe le temps	a
4	Beaucoup trop tôt, c'est la vieillesse	b
5	L'esprit ouvert à la sagesse	b
6	Remplis ton coeur de jours heureux	c
7	Sois positif, fuis la bassesse	b
8	Et garde-toi d'être ennuyeux...	c

(Mado de L'Isle)

L'ÉPIGRAMME

Ex: (10 vers)   DEUX SOEURS

1	Toi que la mort a mise sous la terre	a
2	En ne laissant que des bouquins vieillis	b
3	Toi qui, toujours, d'un geste volontaire	a
4	Pour te hausser, as beaucoup accompli	b
5	Pourtant, hélas, mis ta soeur dans l'oubli	b
6	Vois... elle est là, avec sa grandeur d'âme	c
7	Parlant de toi, portant ton oriflamme	c
8	Pour que ton nom reste à jamais vivant.	d
9	Dans son discours, pas un mot, pas un blâme	c
10	Avoir coeur d'or vaut mieux qu'être savant	d

(Mado de L'Isle)

Ex: (2 vers)   ....

1	....	a
2	....	a

Ex: (3 vers)   ....

1	....	a
2	....	b
3	....	a

L'ÉPIGRAMME

Ex: (5 vers)   ....

    1   ....   a

    2   ....   b

    3   ....   a

    4   ....   a

    5   ....   b

Ex: (6 vers)   ....

    1   ....   a

    2   ....   a

    3   ....   b

    4   c

    5   ....   b

    6   c

L'ÉPIGRAMME

Ex: (4 vers)   ....

    1   ....   a

    2   ....   b

    3   ....   b

    4   ....   a

Ex: (8 vers)   ....

    1   ....   a

    2   ....   b

    3   ....   a

    4   ....   b

    5   ....   b

    6   c

    7   ....   b

    8   c

L'ÉPIGRAMME

Ex: (10 vers)   ....

1   ....   a

2   ....   b

3   ....   a

4   ....   b

5   ....   b

6   c

7   c

8   ....   d

9   c

10   ....   d

LA FABLE

La fable est un récit allégorique le plus ordinairement en vers d'où l'on tire une moralité; son sens est facile à saisir et il fait ressortir une vérité morale.

Il n'y a aucune règle quant au nombre de vers et au nombre de syllabes dans les vers; pour ce qui est des rimes, elles suivent les règles générales de la disposition des rimes.

Ex: LE CHAT, LA BELETTE ET LE PETIT LAPIN

1	« Du palais, d'un jeune lapin	a
2	Dame Belette, un beau matin	a
3	S'empara: c'est une rusée	b
4	Le maître étant absent, ce lui fut chose aisée.	b
5	Elle porta chez lui ses pénates, un jour	c
6	Qu'il était allé faire à l'Aurore sa cour	c
7	Parmi le thym et la rosée,	b
8	Après qu'il eut brouté, trotté, fait tous ses tours,	c
9	Janot Lapin retourne aux souterrains séjours,	c
10	La Belette avait mis le nez à la fenêtre	d
11	« O Dieux hospitaliers! que vois-je ici paraître? »	d
12	Dit l'animal chassé du paternel logis.	e
13	« Holà! Madame la Belette,	f
14	Que l'on déloge sans trompette,	f
15	Ou je vais avertir tous les Rats du pays. »	e
16	La dame au nez pointu répondit que la terre	g
17	Était au premier occupant.	h
18	C'était un beau sujet de guerre,	g
19	Qu'un logis où lui-même il n'entrait qu'en rampant.	h
20	« Et quand ce serait un royaume,	i
21	Je voudrais bien savoir, dit-elle, quelle loi	j
22	En a pour toujours fait l'octroi	j
23	A Jean, fils ou neveu de Pierre ou de Guillaume,	i

24	Plutôt qu'à Paul, plutôt qu'à moi! »	j
25	Jean Lapin allégua la coutume et l'usage;	k
26	« Ce sont, dit-il, leurs lois qui m'ont de ce logis	j
27	Rendu maître et seigneur, et qui, de père en fils,	l
28	L'ont de Pierre à Simon, puis à moi, Jean, transmis	j
29	Le premier occupant, est-ce une loi plus sage? »	k
30	« — Or bien, sans crier davantage,	k
31	Rapportons-nous, dit-elle, à Raminagrobis. »	l
32	C'était un Chat vivant comme un dévot ermite,	m
33	Un chat faisant la chattemite,	m
34	Un sain homme de Chat, bien fourré, gros et gras,	n
35	Arbitre expert sur tous les cas.	n
36	Jean Lapin pour juge l'agrée.	o
37	Les voilà tous deux arrivés	p
38	Devant Sa Majesté fourrée.	o
39	Grippeminaud leur dit:« Mes enfants, approchez,	p
40	Approchez, je suis sourd, les ans en sont la cause.»	q
41	L'un et l'autre approcha, ne craignant nulle chose.	q
42	Aussitôt qu'à portée il vit les contestants,	r
43	Grippeminaud, le bon apôtre,	s
44	Jetant des deux côtés la griffe en même temps,	r
45	Mit les plaideurs d'accord en croquant l'un et l'autre.	s
46	Ceci ressemble fort aux débats qu'ont parfois	t
47	Les petits souverains se rapportant aux rois. »	t

(Jean de Lafontaine)

LA FABLE

Ex:

LIBERTÉ

1	Dans un enclos, quelques poulettes	a
2	Aux plumes d'or, bien rondelettes	a
3	Cherchent le grain en caquetant	b
4	Sous le soleil d'un doux printemps	b
5	C'est là qu'un chien du voisinage	c
6	En entendant leur badinage	c
7	Par un projet fut assailli:	d
8	Il franchira le haut treillis	d
9	Dans un élan, voilà qu'il saute	e
10	La clôture est beaucoup trop haute	e
11	La broche le fait prisonnier	f
12	Hélas, survient le jardinier	f
13	Pour ce dernier, la preuve est claire	g
14	Donc, il se doit d'être en colère	g
15	Coups de bâton et coups de pied	h
16	Sont assénés, oui, sans pitié	h
17	Le chien s'enfuit à vive allure	i
18	Malgré le mal de ses blessures	i
19	Le jardinier, à sa façon	j
20	Lui a donné une leçon	j
21	La liberté a des limites	k
22	Vouloir voler est illicite	k

(Mado de L'Isle)

LA FABLE

Ex: ....

1 ....

2 ....

3 ....

4 ....

5 ....

6 ....

7 ....

8 ....

9 ....

10 ....

11 ....

12 ....

13 ....

14 ....

LA FABLE

LE CALLIGRAMME

Le calligramme est la matérialisation de l'objet servant de thème du poème; les vers ne sont pas disposés en ligne mais de façon à dessiner le profil de cet objet.

Les meilleurs calligrammes sont ceux où la facilité de la lecture, la présence d'une expression vraiment poétique et la grâce symbolique du dessin se trouvent réunis.

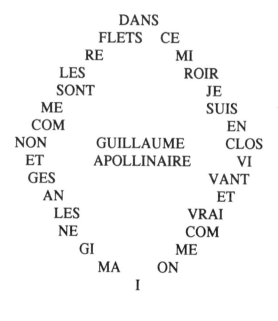

(Guillaume Apollinaire)

LE CALLIGRAMME

Ex: VOILIER DE RÈVE

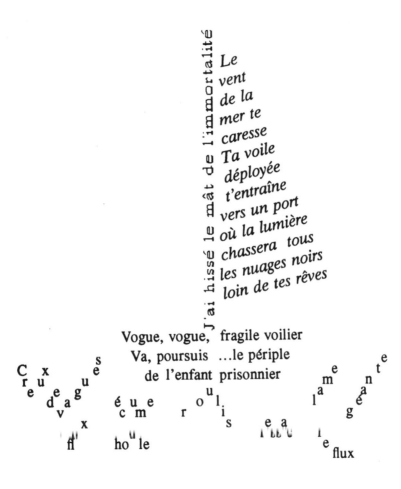

J'ai hissé le mât de l'immortalité

Le
vent
de la
mer te
caresse
Ta voile
déployée
t'entraîne
vers un port
où la lumière
chassera tous
les nuages noirs
loin de tes rêves

Vogue, vogue, fragile voilier
Va, poursuis ...le périple
de l'enfant prisonnier

Creux de la vague s'écume roulis sea ... flux ... le mouvement de la houle

(Mado de L'Isle)

159

LE CALLIGRAMME

Ex:

BOUTS-RIMÉS

Le bout-rimé est une pièce de vers faits sur des rimes données. Ce peut être un poème de n'importe quel genre (sonnet, madrigal, rondeau, etc.) sur un sujet imposé ou non, fait sur des rimes choisies d'avance.

Les bouts rimés furent un jeu littéraire très en vogue dans les salons au XVIIè et XVIIIè siècles.

Ex: .... (sonnet)

1   ....voyage   a

2   ....raison   b

3   ....saison   b

4   ....visage   a

5   ....bagage   a

6   ....maison   b

7   ....horizon   b

8   ....volage   a

LES BOUTS RIMÉS

9	....séjour	c
10	....discours	c
11	....dessine	d
12	....nuageux	e
13	....courageux	e
14	....fascine	d

....

LA CHANSON

La chanson est une pièce de vers destinée à être chantée; c'est une petite composition musicale de caractère populaire, sentimental ou satirique, divisée en couplets.

Dans la chanson, il n'y a aucune limite quant au nombre de syllabes, de vers ou de couplets et le refrain n'est pas obligatoire.

LA CHANSON

Ex: LE PETIT MOUSSE

1   « Sur le grand mât d'une corvette
        Un petit mousse noir chantait,
        Disant d'une voix inquiète
        Ces mots que la brise emportait:
        Ah qui me rendra le sourire
        De ma mère m'ouvrant ses bras?

                  Refrain:

        Filez, filez ô mon navire,
        Car le bonheur m'attend là-bas,
        Filez, filez ô mon navire,
        Car le bonheur m'attend là-bas.

2   Quand je partis, ma bonne mère
        Me dit:tu vas sous d'autres cieux.
        De nos savanes la chaumière
        Va disparaître de tes yeux.
        Pauvre enfant, si tu savais lire,
        Je t'écrirais souvent hélas!

3   Ainsi chantait sur la misaine,
        Le petit mousse de tribord
        Quant tout à coup le capitaine
        Lui dit en lui montrant le port:
        Va mon enfant, loin du corsaire,
        Sois libre et fuis les coeurs ingrats
        Tu vas revoir ta pauvre mère,
        Et le bonheur est dans ses bras. »

LA CHANSON

Ex: HIVER CANADIEN

1   Venant tout droit des glaces éternelles,
     Le vent du nord qui anime le froid
     Traîne avec lui une saison nouvelle
     Toute remplie de plaisirs et de joies.

               Refrain

     Aie! Aie! Hiver canadien!
     Aie! Aie! Tu gèles mes mains!
     Aie! Aie! Hiver canadien!
     Aie! Aie! Mais je t'aime bien!

2   Joyeux manège d'étoiles de platine,
     Blanche volée de doux flocons légers,
     De beaux diamants sur un manteau d'hermine,
     Voilà l'hiver dans toute sa beauté.

3   Une fois par an, sans tambour ni trompette,
     S'en vient l'hiver, égayer le pays,
     Nous séduit tous, en vraie saison coquette,
     Et puis s'en va quand le printemps sourit.

               (Mado de L'Isle)
               Volume 1 Chantimage.

164

LA CHANSON

Ex: ....

1 ....

....

....

....

Refrain

....

....

....

....

2 ....

....

....

LA SEXTINE

La sextine, d'inspiration italienne, est écrite en vers alexandrins et se compose de six strophes de six vers, suivies d'une demi-strophe de trois vers; elle peut commencer par un vers féminin ou par un vers masculin. Elle offre ceci de très particulier que, si le poète choisit les mots qu'il veut pour terminer les vers de sa première strophe, ces mêmes six mots, choisis par lui, devront être ceux qui termineront aussi, rangés dans un autre ordre, les vers des cinq strophes et de la demi-strophe qui suivront la première strophe.

La première strophe est écrite sur deux rimes et, dans cette strophe, riment ensemble:

    a) le premier, le troisième et le quatrième vers.
    b) le second, le cinquième et le sixième vers.

Il est à noter que le dernier mot d'une strophe reparaît toujours à la fin du premier vers de la strophe suivante. De plus, dans la strophe de trois vers qui termine la sextine, les six mots de la rime de la première strophe doivent reparaître encore, et cette fois dans le même ordre que dans la première strophe, à raison de deux mots de la rime par vers, de sorte que les mots des rimes impaires de la première strophe entrent dans le premier hémistiche et ceux des rimes paires soient placés à la rime; il faut également que les mots de la rime placés dans l'intérieur des premier, deuxième et troisième vers de la strophe finale ne soient pas placés à la césure.

Voici donc le schéma de la sextine; les six mots choisis pour la rime de la première strophe sont placés dans l'ordre suivant:

166

Première strophe:	a1 - b2 - a3 - a4 - b5 - b6
Deuxième strophe:	b6 - a1 - b5 - b2 - a4 - a3
Troisième strophe:	a3 - b6 - a4 - a1 - b2 - b5
Quatrième strophe:	b5 - a3 - b2 - b6 - a1 - a4
Cinquième strophe:	a4 - b5 - a1 - a3 - b6 - b2
Sixième strophe:	b2 - a4 - b6 - b5 - a3 - a1
Demi-strophe finale:	a1 - b2 / a3 - a4 / b5 - b6

Ce poème est assez étendu pour que la poésie puisse y trouver place, mais elle est constamment gênée par les entraves matérielles auxquelles le poète se heurte à chaque pas.

Ex: AUTOUR D'UN ÉTANG

1	« L'étang qui s'éclaircit au milieu des feuillages,	a-1
2	La mare avec ses joncs rubanant au soleil,	b-2
3	Ses flotilles de fleurs, ses insectes volages	a-3
4	Me charment. Longuement au creux de leurs rivages	a-4
5	J'erre, et les yeux remplis d'un mirage vermeil,	b-5
6	J'écoute l'eau qui rêve en son tiède sommeil.	b-6
7	Moi-même j'ai mon rêve et mon demi-sommeil.	b-6
8	De féeriques sentiers s'ouvrent sous les feuillages;	a-1
9	Les uns, en se hâtant vers le coteau vermeil,	b-5
10	Ondulent, transpercés d'un rayon de soleil;	b-2
11	Les autres indécis, contournant les rivages,	a-4
12	Foisonnent d'ombre bleue et de lueurs volages,	a-3
13	Tous se peuplent pour moi de figures volages	a-3
14	Qu'à mon chevet parfois évoque le sommeil,	b-6
15	Mais qui bien mieux encore sur ces vagues rivages	a-4
16	Reviennent, souriant aux mailles des feuillages:	a-1
17	Fantômes lumineux, songes du plein soleil,	b-2

LA SEXTINE

18 Visions qui font l'air comme au matin vermeil.   b-5

19 C'est l'ondine sur l'eau montrant son front vermeil   b-5
20 Un instant; c'est l'éclair des sylphides volages   a-3
21 D'un sillage argentin rayant l'or du soleil;   b-2
22 C'est la muse ondoyant comme au sein du sommeil   b-6
23 Et qui dit: Me voici; c'est parmi les feuillages   a-1
24 Quelque blancheur de fée... O gracieux rivages!   a-4

25 En vain j'irais chercher de plus nobles rivages,   a-4
26 Pactole aux sables d'or, Bosphore au flot vermeil,   b-5
27 Aganippe, Permesse aux éloquents feuillages,   a-1
28 Pénée avec ses fleurs, Hèbre et ses choeurs volages,   a-3
29 Eridan mugissant, Mincie au frais sommeil   b-6
30 Et Tibre que couronne un éternel soleil;   b-2

31 Non tous ces bords fameux n'auraient point ce soleil   b-2
32 Que me rend votre aspect, anonymes rivages!   a-4
33 Du présent nébuleux animant le sommeil,   b-6
34 Ils y font refleurir le souvenir vermeil   b-5
35 Et sonner du printemps tous les échos volages   a-3
36 Dans les rameaux jaunis non moins qu'aux verts
                                          feuillages   a-1
37 Doux feuillages,(a-1) adieu; vainement du soleil   b-2
38 Les volages (a-3) clartés auront fui ces rivages,   a-4
39 Ce jour vermeil (b-5) luira jusque dans mon sommeil.   b-6

(Le Comte F. de Gramont)

LA SEXTINE

Ex   AU FIL DES JOURS

1   Que de temps, de faux pas, pour avoir la sagesse   a-1
2   Pour vivre chaque instant avec force et courage   b-2
3   Tout au cours du chemin souvent luit la richesse   a-3
4   Qui trop souvent détruit l'amour et la tendresse   a-4
5   Le soleil sur la mer est en fait un mirage   b-5
6   Mais c'est aussi l'espoir tout au long du voyage   b-6

7   Qui n'a pas souhaité de partir en voyage   b-6
8   Pour enfin décider de rester par sagesse   a-1
9   Un rêve de départ n'est parfois que mirage   b-5
10 Pour jouir du présent, il en faut du courage   b-2
11 Chaque jour se côtoient la bonté, la tendresse   a-4
12 Mais aussi le malheur et la fausse richesse   a-3

13 Bien des gens sont d'avis que seule la richesse   a-3
14 Apporte le bonheur quel que soit le voyage   b-6
15 Ils oublient le réel, l'amitié, la tendresse   a-4
16 Ils vivent pour l'argent sans souci de sagesse   a-1
17 Quand arrive l'échec, ils manquent de courage   b-2
18 Ces humains aveuglés par un brillant mirage   b-5

19 L'espérance d'un ciel serait-elle un mirage   b-5
20 Pour l'être qui ne veut qu'acquérir la richesse?   a-3
21 Peut-être manque-t-il de foi ou de courage   b-2
22 Pour bien se préparer à la fin du voyage...   b-6
23 Avec l'âge mûrit le don de la sagesse   a-1
24 Qui remplace parfois l'argent par la tendresse   a-4

LA SEXTINE

25	L'amour vrai a besoin d'assurance et tendresse	a-4
26	Les «je t'aime» ne sont très souvent que mirage	b-5
27	Se donner sans penser c'est manquer de sagesse	a-1
28	La sexualité, le plaisir, la richesse	a-3
29	Ne sont pas les garants d'un excellent voyage	b-6
30	Il faut surtout avoir bon vouloir et courage	b-2

31	Embarquer sur la mer avec plein de courage	b-2
32	De patience, de foi et d'humaine tendresse	a-4
33	C'est prendre les moyens de faire bon voyage	b-6
34	L'orage des passions passera sans mirage	b-5
35	La recherche des biens, des honneurs ou richesses	a-3
36	Ne sera pas le but visé par la sagesse	a-1

37	La sagesse (a-1) des ans apporte le courage	b-2
38	La richesse (a-3) du coeur se nourrit de tendresse	a-4
39	Le mirage (b-5) trompeur peut gâcher un voyage	b-6

(Mado de L'Isle)

* Il est à noter que, dans cette sextine, la règle la plus importante de la versification française qui exige l'alternance régulière des rimes féminines avec les rimes masculines n'est pas observée; toutefois, il faut dire que, pour l'auteur, le choix des mots de la rime a primé sur la règle.

LA SEXTINE

Ex: ....

1	....	a-1
2	....	b-2
3	....	a-3
4	....	a-4
5	....	b-5
6	....	b-6

7	....	b-6
8	....	a-1
9	....	b-5
10	....	b-2
11	....	a-4
12	....	a-3

LA SEXTINE

13 .... a-3

14 .... b-6

15 .... a-4

16 .... a-1

17 .... b-2

18 .... b-5

19 .... b-5

20 .... a-3

21 .... b-2

22 .... b-6

23 .... a-1

24 .... a-4

172

LA SEXTINE

25	....	a-4
26	....	b-5
27	....	a-1
28	....	a-3
29	....	b-6
30	....	b-2
31	....	b-2
32	....	a-4
33	....	b-6
34	....	b-5
35	....	a-3
36	....	a-1
37	........(a-1).....................................	b-2
38	........(a-3).....................................	a-4
39	........(b-5).....................................	b-6

L'ACROSTICHE

L'acrostiche est une curiosité poétique où les initiales de chaque vers réunies et lues dans le sens vertical, forment le mot pris pour thème du poème; ce peut être le nom d'une personne, d'un endroit, etc.

Pour ce qui est des rimes, pleine liberté est laissée à l'auteur.

Ex: CLÉMENT MAROT

« C' est un rimeur cher au pays gaulois,	a
L evé dès l'aube, et de sa belle voix	a
É merveillant Écho qui se réveille.	b
M aître ingénu, le pays où la treille	b
É tend ses bras chargés de raisins clairs,	c
N ourrit ta Muse aux regards pleins d'éclairs,	c
T oinon qui rit, les deux poings sur ses hanches.	d

M erle gentil qui siffles dans les branches	d
A u renouveau, nous sommes Allemands,	e
R usses, Chinois, ténébreux, endormants;	e
O bon Marot, trouverons-nous encore	f
T on chant naïf et sa note sonore! »	f

(Albert Glatigny)

L'ACROSTICHE

Ex: QUÉBEC-NORMANDIE

Q uébec et Normandie	a
U nisson de racines,	b
E rrances, tragédies,	a
B ienvenues de cousines,	b
É chos de mélodies,	a
C haleur qui se dessine.	b
N ous présentant la main,	c
O utre-mer, outre-tombe	d
R etrouvant le carmin	c
M arié par les bombes,	d
A llons notre chemin,	c
N ourrissons la colombe,	d
D evenons des gamins	c
I gnorants d'hécatombe!	d
E t... clair sera demain!	c

(Mado de L'Isle)
Prix Albert Glatigny 1985 de la
Société des Poètes et Artistes
de France, Section Normandie.

L'ACROSTICHE

Ex: ....

... .

... .

... .

... .

... .

... .

... .

... .

... .

... .

... .

... .

... .

... .

176

L'ACROSTICHE (suite)

...   .

...   .

...   .

...   .

...   .

...   .

...   .

...   .

...   .

LA GLOSE

La glose est l'explication d'un texte obscur par des mots plus intelligibles; c'est une critique, une interprétation malveillante.

Ce genre de poème est la paraphrase ou la parodie d'un autre poème. Il est composé de strophes de quatre vers et contient autant de strophes qu'il y a de vers dans le poème glosé; en effet, chacun des vers du poème glosé constitue, à son rang, le quatrième vers de chacune des strophes de la glose.

La glose ne s'est jamais bien acclimatée en France. Il n'y en a guère qu'une qui soit bien connue, c'est celle que fit Sarrazin sur

177

le Sonnet de Job de Benserade; il n'y a presque jamais eu, il n'y aura presque jamais de poème assez célèbre pour devenir le motif d'une glose.

La chose arriva pourtant. On sait que le fameux sonnet de Voiture SUR URANIE et non moins fameux sonnet de Benserade dit SONNET DE JOB, opposés l'un et l'autre, divisèrent la cour de Paris, et qu'il se forma deux partis, les Jobelins et les Uranins, attaquant et soutenant par des combats acharnés la supériorité de chacun de ces aimables chefs-d'oeuvre sur le chef-d'oeuvre rival. L'admiration et la querelle s'envenimèrent à ce point que toute la ville sut par coeur l'un et l'autre sonnet, ce qui permit à Sarrazin d'écrire une glose à propos du sonnet de Job, ou plutôt contre le sonnet de Job.

Voici les deux poèmes; le sonnet et la glose.

LA GLOSE

Ex: SONNET DE JOB

1   Job de mille tourments atteint
2   Vous rendra sa douleur connue,
3   Mais raisonnablement il craint
4   Que vous n'en soyez point émue.

5   Vous verrez sa misère nue,
6   Il s'est lui-même ici dépeint;
7   Accoutumez-vous à la vue
8   D'un homme qui souffre et se plaint.

9   Bien qu'il eût d'extrêmes souffrances,
10   On voit aller des patiences
11   Plus loin que la sienne n'alla.

178

LA GLOSE

12   Car s'il eut des maux incroyables,
13   Il s'en plaignit, il en parla;
14   J'en connois de plus misérables.

(Isaac de Benserade)

Ex: GLOSE A MONSIEUR ESPRIT
                (sur le sonnet de M. de Benserade)

Monsieur Esprit, de l'Oratoire,
Vous agissez en homme saint
De couronner avecque gloire
1   Job de mille tourments atteint.

L'ombre de Voiture en fait bruit,
Et, s'estant enfin résolüe
De vous aller voir cette nuit,
2   Vous rendra sa douleur connue.

C'est une assez fâcheuse vue,
La nuit, qu'une Ombre qui se plaint;
Votre esprit craint cette venüe
3   Et raisonnablement il craint.

Pour l'apaiser, d'un ton fort doux
Dites: J'ai fait une bévue,
Et je vous conjure à genoux
4   Que vous n'en soyez point émüe.

179

LA GLOSE

Mettez, mettez votre bonnet,
Respondra l'Ombre, et sans berlüe
Examinez ce beau Sonnet,
5 Vous verrez sa misère nue.

Diriez-vous, voyant Job malade,
Et Benserade en son beau teint:
Ces vers sont faits pour Benserade,
6 Il s'est lui-même ici dépeint?

Quoy, vous tremblez, Monsieur Esprit?
Avez-vous peur que je vous tue?
De Voiture qui vous chérit,
7 Accoutumez-vous à la veüe.

Qu'ay-je dit qui vous peut surprendre
Et faire paslir votre teint?
Et que deviez-vous moins attendre
8 D'un homme qui souffre et se plaint?

Un Autheur qui dans son escrit,
Comme moy, reçoit une offense,
Souffre plus que Job ne souffrit,
9 Bien qu'il eût d'extrêmes souffrances.

Avec mes vers une autre fois
Ne mettez plus dans vos Balances
Des vers, où sur des Palefrois
10 On voit aller des patiences.

180

LA GLOSE

L'Herty, le Roy des gens qu'on lie,
En son temps auroit dit cela;
Ne poussez pas votre folie
11   Plus loin que la sienne n'alla.

Alors L'Ombre vous quittera
Pour aller voir tous vos semblables,
Et puis chaque Job vous dira
12   S'il souffrit des maux incroyables.

Mais à propos, hyer au Parnasse
Des Sonnets Phoebus se mesla
Et l'on dit que de bonne grâce
13   Il s'en plaignit, il en parla.

J'aime les Vers des Uranins,
Dit-il, mais je me donne aux Diables
Si pour les vers des Jobelins
14   J'en connois de plus misérables.

(Jean-François Sarrazin)

12. AUTRES FORMES ET AUTRES GENRES DE POÈMES

La langue française a bien changé depuis le Moyen-Age; l'orthographe des mots de certains anciens poèmes est si différente que, pour les comprendre, il faut en donner la traduction. C'est donc pour cette raison et pour ne pas ajouter de pages non utiles à l'apprentissage de la versification que nous avons cru bon de ne donner que de brèves définitions de ces autres formes et autres genres de poèmes.

LES BERGERIES

Les bergeries sont des oeuvres de poésie pastorale qui prennent pour thèmes la vie champêtre: les bergeries de Racan.

LA CANZONE

La canzone est un petit poème italien divisé en stances égales et terminé par une stance plus courte, généralement de 20 ou 30 vers monorimés (une seule rime ou des vers rimés deux à deux).

La canzone, dérivée de la conso, poème d'amour provencal, est une des plus belles formes lyriques de la poésie italienne, destinée à l'expression des pensées nobles et de sentiments élevés.

LA CHANSON DE GESTE

La chanson de geste est un genre de poésie épique de la littérature française du Moyen-Age; elle est ordinairement composée en décasyllabes, parfois en alexandrins ou en octosyllabes. La longueur de ses strophes et le nombre de ses vers sont très variables.

182

Les chansons de geste furent d'abord chantées ou déclamées par les jongleurs avec un groupement instrumental rudimentaire; elles évoquent les exploits des héros historiques ou légendaires.

LA CHANSON DE TOILE

Les chansons de toile sont quinze pièces en vers, anonymes, du XIIè siècle, d'inspiration épique; ce sont les plus anciens documents de la poésie lyrique française. Le nom de « chanson de toile» leur vient du fait qu'elles étaient chantées devant les femmes occupées à tisser. Toutes se rattachent au monde chevaleresque et retracent une brève histoire d'amour.

Les descriptions et les dialogues sont d'une délicatesse exquise. Elles étaient accompagnées de musique, mais la notation musicale n'a été conservée que pour quatre d'entre elles.

Les chansons de toile sont des épisodes plus ou moins dramatiques, traités sobrement, des sortes de raccourcis de roman sentimental ou d'épopée; elles se composent de plusieurs strophes terminées par un refrain. Leurs héroïnes brodent des orfrois, soupirent après le retour du beau chevalier qui parfois ne revient pas; alors il reste à l'infortunée qu'à vêtir la haire et à prendre le voile. Ailleurs, c'est la mal mariée qui trouve un consolateur. ou bien c'est une mère qui reçoit la confession de sa fille séduite par un courtisan flatteur; par bonheur, l'amoureux ne tarde pas à revenir; il emmène la belle en son pays et en fait une comtesse; ou encore c'est la scène pathétique des deux soeurs à la fontaine, dont l'une a trouvé un prétendant et l'autre reste seule.

LE DITHYRAMBE

Le dithyrambe est un poème élogieux d'un ton lyrique enthousiaste issu de la tragédie grecque; il donna naissance à la tragédie proprement dite.

L'ÉGLOGUE

L'églogue est un petit poème pastoral, une forme de poésie très proche de l'idylle dont elle se distingue en ce qu'elle renferme généralement une action qui est alors traitée en dialogue.

L'églogue est écrite en vers de 10 syllabes à rimes plates et, on dit que plus elle est courte, meilleure elle est.

L'ÉLÉGIE

L'élégie est un poème lyrique dont le ton est le plus souvent tendre et triste (les élégies de Chénier); c'est une pièce de vers composés de distiques formés de six syllabes et de cinq syllabes.

D'abord ce poème a servi à exprimer des plaintes funèbres, mais on s'en est servi ensuite pour traduire toute espèce de sentiments, autant les passions amoureuses et les regrets, que l'enthousiasme guerrier.

Dans les littératures européennes modernes, elle chante le plus souvent la mélancolie de l'amour et la fragilité des choses humaines.

L'élégie se définit plus par les sentiments qui l'inspirent que par le charme et on peut appeler élégies de nombreux poèmes qui ne portent pas forcément ce titre. Ce genre se prête particulièrement aux états d'âme du romantisme.

L'ÉPITHALAME

L'épithalame est un petit poème composé à l'occasion d'un mariage en l'honneur des jeunes époux.

L'ÉPÎTRE

L'épître est une lettre en vers sur des sujets fort variés et sur tous les tons: Les épîtres d'Horace, de Marot, de Boileau.

L'ÉPOPÉE

L'épopée est un récit poétique d'aventures héroïques; à l'origine, l'épopée se présente comme un poème d'une ampleur considérable.

LE FABLIAU

Le fabliau est un court récit fictif ordinairement en vers octosyllabiques à rimes plates de caractère comique dont les rimes sont bien ordinaires. C'est sous cette forme que les écrivains français du Moyen-Age ont manifesté leurs dons de conteurs.

Le plus grand charme des fabliaux c'est qu'ils sont narrés sans aucune prétention littéraire. Leurs auteurs cherchent avant tout à conter vite et clairement.

Les fabliaux n'offrent qu'une galerie de tableaux comiques, sans aucun esprit de suite ni de mystère.

LA POÉSIE GNOMIQUE

La poésie gnomique est le nom donné, en particulier dans la littérature grecque ancienne, à un genre de poésie didactique exprimant des vérités philosophiques ou morales essentielles, dans la forme concise et précise des maximes, des sentences, afin de faciliter le travail de la mémoire.

En France, la poésie gnomique connut un renouveau lors de la Renaissance avec Les Quatrains Moraux de Pibrac (574)

l'IDYLLE

L'idylle est un petit poème du genre bucolique ou pastoral généralement amoureux; c'est un poème ordinairement assez court, invoquant avec une simplicité élégante et dans le cadre d'une scène champêtre, des sentiments et des passions tendres, mais sans narrer une action, ce qui distingue l'idylle de l'églogue.

LE MADRIGAL

Le madrigal était à l'origine, un poème de onze syllabes, le grand vers de la poésie italienne.

Au XVIè siècle, il devient une forme extrêmement libre qui n'est plus assujettie à aucune règle rythmique particulière. Son caractère propre est le naturel, la facilité et aussi la concision dans l'expression spirituelle de l'idée. Il connaît sa grande vogue à l'époque de la préciosité; il devient une sorte de billet doux en vers qui tombe parfois dans l'afféterie.

LA MORALITÉ

La moralité est une oeuvre théâtrale en vers du Moyen-Age; elle met en scène des personnages allégoriques et a pour objet l'édification morale.

L'ODE

L'ode, chez les Anciens, est tout poème destiné à être mis en musique; c'est un poème lyrique divisé en strophes, destiné à célébrer de grands événements ou de hauts personnages, ou à exprimer des sentiments plus familiers. L'ode est un poème solennel et choral.

LA PALINODE

La palinode est une pièce de vers exprimant une plainte doulou-reuse, des sentiments mélancoliques. Par extension, c'est toute oeuvre poétique dont le thème est la plainte.

LA PALINODIE

La palinodie est une pièce de vers où le poète rétracte les sentiments précédemment exprimés. Aujourd'hui, c'est une rétraction de ce qu'on dit ou fait.

LA PASTOURELLE

La pastourelle est un genre lyrique du Moyen-Age, qui semble être né dans les pays de langue d'oc; ce genre s'est maintenu jusqu'à la Renaissance, mais en cessant peu à peu d'être un poème d'amour pour devenir un simple prétexte à chanter les louanges de bergers et de bergères.

Dans les pastourelles, on trouve des vers de sept, de neuf, de onze, de quatorze et de quinze pieds; on y trouve même le vers-écho et la rime enchaînée.

La pastourelle est un genre aristocratique mais elle ne doit rien à l'antiquité. Les belles dames, de tout temps, ont aimé à se déguiser en bergères; par contraste, les petites filles de la campagne, dans leur rondes, se prennent volontiers pour des reines et des princesses.

LA QUINTILLA

La quintilla est une forme lyrique de la poésie espagnole de cinq vers octosyllabiques à rimes croisées.

LE ROMANCE/LA ROMANCE

D'après le dictionnaire universel des lettres, le romance (nom masculin) est un petit poème; une chanson sur un sujet tendre et touchant. Dans la littérature provencale, médiévale, le romance est une chanson de forme très proche du sirventès et semblable, par son inspiration, aux chansons de toile de France.

En Espagne, le romance apparaît d'abord comme un dérivé populaire des chansons de geste; petit poème d'une énergique concision et de forme invariable (vers de 16 syllabes), plus tard de 8 syllabes dont les impairs sont libres et les pairs assonants avec une assonance uniforme.

Le romance trouve ordinairement ses thèmes dans les épisodes chevaleresques mais il existe aussi de nombreux romances purement romanesques ou sentimentaux, d'autres qui s'inspirent de l'Antiquité fabuleuse ou historique, d'autres liés à des métiers populaires.

Ce genre tomba en désuétude au XVIIè siècle.

D'après le Petit Larousse, la romance (nom féminin) est un petit poème, une chanson sur un sujet tendre et touchant. On suppose donc que le romance est devenu la romance avec le temps.

LA SATIRE

La satire est une pièce de poésie où l'auteur attaque les vices et les ridicules de son temps; c'est un poème qui a pour objet de critiquer les vices, les passions ou les ridicules des hommes, ou bien les institutions politiques ou religieuses, ou bien encore les travers d'un écrivain, d'un groupe littéraire.

LE SIRVENTÈS

Les sirventès sont des poésies chantées sur des airs connus; de sujets fort divers, ils se rapportent pour la plupart à des événements guerriers (surtout la croisade) ou politiques, et sont presque toujours d'inspiration satirique, dénonçant les désordres de la noblesse et prenant parfois pour cible le pape lui-même.

Ce qui fait la valeur des sirventès, c'est la description puissamment évocatrice du «spectacle» de la guerre avec les couleurs, les sons et les mouvements.

Dans la poésie provencale du Moyen-Age, le sirventès est le nom donné à toute poésie qui ne traite pas de sujet d'amour et qui, par suite, est considérée comme étant d'un ordre inférieur, digne des servants d'armes (sirvent).

LE TANKA

Le tanka est un court poème japonais formé de cinq vers ayant respectivement 5 syllabes, 7 syllabes, 5 syllabes, 7 syllabes, 7 syllabes.

Dans la littérature japonaise, c'est la forme typique de la poésie de cour; elle se prête admirablement à l'expression d'émotions spontanées dans une concision parfois bouleversante.

Le tanka est resté en honneur jusqu'à nos jours, mais avec des formes diverses selon les époques.

INDEX

A

ACCENT: Force particulière affectant la prononciation d'une syllabe.

ALEXANDRIN: Vers de douze syllabes.

ALLITÉRATION: Répétition des mêmes sonorités à l'initiale de plusieurs syllabes ou mots.

ANTITHÈSE: Procédé par lequel on souligne, en les rapprochant, l'opposition de deux mots ou de deux idées.

ASSONANCE: Répétition à la fin de deux vers, de la même voyelle accentuée (ex:sombre-tondre).

B

BUCOLIQUE: Poème qui a rapport à la poésie pastorale.

C

CADENCE: Répétition de sons ou de mouvements qui se succèdent d'une façon régulière et mesurée.

CANTILÈNE: Au Moyen-Age, chant lyrique et épique.

CENTON: Pièce de vers ou de prose, faite de fragments empruntés à divers auteurs.

CÉSURE: Coupure intérieure du vers.

COMPLAINTE: Chanson populaire sur quelque sujet tragique ou pieux.

CONSONANCE: Rapport de sons agréables à l'oreille et donnant une impression de repos. Uniformité de sons dans la terminaison des mots ou des phrases.

COUPE: Pause, léger arrêt dans un vers.

D

DÉCASYLLABE: Qui a dix syllabes.

DÉSINENCE: Terminaison variable de mots par opposition au radical. (aimons)

DIDACTIQUE: Qui a pour objet d'instruire.

DIÉRÈSE: Division de deux voyelles.

DIPHTONGUE: Son formé par la fusion de deux voyelles dont l'une devient une demi-voyelle comme ieu, ien, ion, dans lieu, lien, lion.

DISSYLLABE: Qui a deux syllabes.

DISTIQUE: Groupe de deux vers formant un sens complet.

DODÉCASYLLABE: Qui a douze syllabes.

E

ÉLISION: Suppression dans l'écriture ou la prononciation de la voyelle finale d'un mot devant une voyelle initiale ou un «h» muet.

ENJAMBEMENT: Rejet au vers suivant d'un ou de plusieurs mots qui composent le sens du premier.

ENNÉSYLLABE: Qui a neuf syllabes.

ÉPITHÈTE: Mot ajouté à un nom pour le qualifier: adjectif qualificatif placé généralement à côté d'un nom et exprimant sans l'intermédiaire d'un verbe, une qualité de l'être ou de l'objet nommé.

EPTASYLLABE: Qui a sept syllabes.

ÉTYMOLOGIE: Origine d'un mot.

EUPHONIE: Heureux choix de sons; harmonieuse succession des voyelles et des consonnes.

H

HARMONIE: Ensemble ou suite de sons agréables à l'oreille.

HÉMISTICHE: Moitié de vers alexandrin ou partie d'un vers quelconque coupé par la césure.

HENDÉCASYLLABE: Qui a onze syllabes.

HEPTASYLLABE: Qui a sept syllabes.

HÉTÉROMÉTRIQUE: Strophes formées de deux ou plusieurs espèces de vers.

HEXAMÈTRE: Vers qui a six mesures ou six pieds.

HEXASYLLABE: Qui a six syllabes.

HIATUS; Son produit par la rencontre de deux voyelles, soit à l'intérieur d'un mot (ex:aorte), soit entre deux mots (ex: il alla à Paris).

HOMONYME: Se dit des mots qui se prononcent de la même façon, quoique leur orthographe diffère (ex:saint- sein) ou des mots de même orthographe, mais de sens différent (ex: cousin: insecte - cousin: parent).

HOMOPHONIE: Ressemblance des sons; similitude des sons.

HYMNE: Ode sacrée qu'on chante à l'église; à l'origine, une louange adressée à une divinité.

I

INVERSION: Toute construction où l'on donne aux mots un autre ordre que l'ordre considéré comme normal ou habituel.

ISOMÈTRE / ISOMÉTRIQUE: Strophes formées d'une seule espèce de vers; strophes dont les dimensions sont égales.

M

MESURE: Quantité de syllabes exigée par le rythme.

MONOSYLLABE: Mot qui n'a qu'une syllabe.

O

ONOMATOPÉE: Un mot dont le son imite celui de l'objet qu'il représente: (ex: glouglou - tic tac).

ORATORIO: Composition musicale dramatique à sujet religieux; drame lyrique sur un sujet sacré, exécuté sans décors ni costumes.

P

PASTORALE: Pièce dont les personnages sont des bergers, des bergères.

PENTASYLLABE: Qui a cinq syllabes.

PHONÈME: Élément sonore du langage (son ou articulation).

PIED: Quantité de syllabes brèves ou longues sur lesquelles le vers repose pour déterminer son rythme.

POLYSYLLABE: Qui a plusieurs syllabes.

R

REJET: Action de rejeter au début du vers suivant un ou plusieurs mots nouveaux ... nono.

RIME: Retour du même son à la fin de deux ou plusieurs vers.

S

SCANDER: Marquer la quantité ou la mesure des vers; le mesurer par le nombre de syllabes dont il se compose.

SONORITÉ: Qualité de ce qui rend un son agréable.

STANCE (ou STROPHE): Groupe de vers offrant un sens complet et suivi d'un repos; division régulière d'une pièce lyrique.

SYLLABE: Groupe de consonnes et de voyelles qui se prononcent d'une seule émission de voix (Paris: deux syllabes).

T

TÉTRAMÈTRE: Se dit d'un vers composé de quatre mètres ou mesures.

TÉTRASYLLABE: Qui a quatre syllabes.

TRIMÈTRE: Vers composé de trois mesures.

TRIPARTITE: Divisé en trois parties.

TRISYLLABE: Qui a trois syllabes.

V

VERS: Un assemblage de mots mesurés selon certaines règles (coupe, rime, etc.).

VERS BLANCS: Vers non rimés.

VERS LIBRES: Vers de différentes mesures.

VERS MÉTRIQUES: Vers rythmés d'après la quantité des syllabes (latin - grec).

VERS RYTHMIQUES: Vers rythmés d'après leur accentuation (allemand - anglais).

VERS SYLLABIQUES: Vers rythmés d'après leur nombre de syllabes (français - italien - espagnol).

LISTE DES POÈMES ÉCRITS PAR MADO DE L'ISLE

ALARME	épigramme (5 vers)
AMI LECTEUR	épigramme (2 vers)
AMOUR	chant royal
AU FIL DES JOURS	sextine
DÉSERT DU SILENCE	rondeau redoublé
DÉSIR	distique
DEUX SOEURS	épigramme (10 vers)
DISCOURS D'ÉLECTION	quintain
DIVERSION	haïkaï
FANTAISIE	lai
HIVER CANADIEN	chanson
INQUIÉTUDE	huitain
L'AMITIÉ	virelai
L'ÉTÉ SE MEURT	pantoum
L'IAMBE	iambe
LIBERTÉ	fable
PRÉDICTION	rondel
QUÉBEC-NORMANDIE	acrostiche
RÉALITÉ	épigramme (6 vers)
RECUL	dizain
RÉFLEXIONS	sonnet

LISTE DES POÈMES ÉCRITS PAR MADO DE L'ISLE

SOMBRE CIEL	épigramme (4 vers)
SOMBRES VISIONS	tercet
SOUVENIRS	quatrain
SUR LA MER DU TEMPS	rondeau
TROIS CHOIX	ballade
UN OISEAU	villanelle
UN BRIN DE PHILOSOPHIE	sixain (ou) sizain
VAGUE GRISE	terza-rima
VAGUES DE MER	haïkaï
VIEILLESSE	épigramme (8 vers)
VIENS AVEC MOI	épigramme (3 vers)
VIVONS D'AMOUR	triolet
VOILIER DE RÊVE	calligramme

ÉCRIVAINS ET POÈTES CITÉS

APOLLINAIRE, Guillaume.......................1880-1918
BANVILLE, Théodore.............................1823-1891
BELLEY, Joachim du.............................1522-1560
BENSERADE, Isaac de............................1612-1691
BOILEAU-DESPRIAUX, Nicolas.................1636-1711
CHARLES D'ORLÉANS...........................1394-1465
CHÉNIER, André.................................1762-1791
CORNEILLE, Pierre..............................1606-1684
DELAVIGNE, Casimir............................1793-1843
FROISSART, Jean.................................1337-1405
HÉRÉDIA, José Maria............................1842-1905
HUGO, Victor.....................................1803-1855
LAFONTAINE, Jean de...........................1621-1695
LAMARTINE, Alphonse de 1790-1869
LECONTE DE LISLE, Charles..................1818-1894
LOUYS, Pierre....................................1870-1925
MALHERBE, François de.........................1555-1628
MAROT, Clément.................................1496-1544
MUSSET, Alfred de...............................1810-1857
PANARD, Charles-François.....................1694-1765
PIBRAC, Guy du Faur, seigneur de.............1529-1586
QUINAULT, Philippe.............................1635-1688
RACINE, Jean.....................................1639-1699
ROSTAND, Edmond..............................1868-1918
ROUSSEAU, Jean-Baptiste....................... 1712-1778
SCARRON, Paul...................................1610-1660
SCÈVE, Maurice..................................1500-1560
VERLAINE, Paul..................................1844-1896
VIGNY, Alfred de.................................1797-1863
VILLON, François.................................1431-1463

SOURCES DE RENSEIGNEMENTS

1. BANVILLE Théodore de, *Petit traité de poésie française*.

2. BAUDELAIRE Charles, *Les fleurs du mal et autres poèmes*.

3. BOILEAU et ses contemporains, *L'art poétique de Boileau*.
4. BRUGMANS Dr.professeur, *Les trésors littéraires de la France*.

5. CAUCHIE Maurice, *Poésies diverses Paul Scarron*.

6. CHARLES D'ORLÉANS, *Charles d'Orléans et la poésie aristocratique*.

7. COLIN Armand, Petit traité de versification française.

8. DELOFFRE Frederic, *Stylistique et poétique française*.

9. DORCHAIN Auguste, *L'art des vers*.

10. DUTREUIL E. - HARTMAN L., Grammaire Française.

11. GUILLEQUIN Jean, Éditeurs, Recueil de fabliaux: *La renaissance du livre*, Paris.

12. GUIRETTE Robert, *Poésies complètes, François Villon*.

13. HARTMAN L.- DUTREUIL E., *Grammaire Française*.

SOURCES DE RENSEIGNEMENTS

14. LAFFLONT - BOMPIANI, *Dictionnaire universel des lettres.*

15. LAROUSSE - MARTINON Ph., *Dictionnaire des rimes françaises.*

16. LEMERRE Alphonse, Éditeurs, *Poésies Théodore Banville: Odes funambulesques*: Paris

17. HUGO Victor, *L'intégrale*

18. MAYER C.A., *Les épigrammes.*

19. NANTEL A.abbé, *Les fleurs de la poésie canadienne.*

20. NELSON, Éditeurs, *Petite anthologie des poètes français.*

21. PIA, Pascal, *Apollinaire par lui-même*: *Écrivains de toujours.* Éditions du Seuil.

22. TESSIER C. - LYON BERNOUS et CUMIN, *Modestes observations sur l'art de versifier.*

23. VIANEY Joseph, *Chef-d'oeuvres poétiques, Marot, Du Bellay - Ronsard - D'Aubigné - Regnier.*

24. VIANEY Joseph, *Poètes français des XIX et XXè siècles.*

TABLE DES MATIÈRES

TABLE DES MATIÈRES

TABLE DES MATIÈRES

TABLE DES MATIÈRES

DU MÊME AUTEUR:

TROUÉES DANS LES NUAGES, histoire auto-biographique (144 pages) Les Éditions de Mortagne.

SOUS LE CIEL DES SAISONS, poèmes (80 Pages) Les Éditions à Mains Nues.

SUR LA MER DU TEMPS, poèmes (80 Pages) Éditions Chantimage.

CHANTIMAGE Volume I, 24 chansons pour les jeunes (32 pages).

CHANTIMAGE Cassette, accompagnement-piano des (24 chansons du Volume I)

CHANTIMAGE Volume II, 22 chansons pour les jeunes (32 pages).

CHANTIMAGE Cassette, accompagnement-piano des (22 chansons du Volume II).

ANDRÉ GIROUX: VIVRE ENTRE DEUX PÔLES, Cahier préparé par la Société des Écrivains canadiens.(29 pages).

DISTRIBUTION DE CES OUVRAGES:

ÉDITIONS CHANTIMAGE ENR.
21, Montée de L'Érablière
Lac Beauport (Québec)
GOA 2CO Tel: (418) 849-6188